U0851348

子どもを叱る前に読む本

# 正面引导

## 斥责孩子前做什么

（日）平井信义（Nobuyoshi Hirai） 著

杨 喆 译

中华工商联合出版社

图书在版编目（CIP）数据

正面引导：斥责孩子前做什么 /（日）平井信义著；杨喆译. -- 北京：中华工商联合出版社，2019.2

ISBN 978-7-5158-2470-3

Ⅰ. ①正… Ⅱ. ①平… ②杨… Ⅲ. ①儿童教育－家庭教育 Ⅳ. ① G782

中国版本图书馆 CIP 数据核字（2019）第 016089 号

SHINSOUBAN KODOMO WO SHIKARUMAE NI YOMUHON
Copyright ©2015 by Yutaka HIRAI
All rights reserved.
Original Japanese edition published by PHP Institute, Inc.
This Simplified Chinese edition published by arrangement with
PHP Institute, Inc., Tokyo in care of The English Agency(Japan) Ltd.
Tokyo Through Eric Yang Agency

北京市版权局著作权合同登记号：图字 01-2018-4962

**正面引导：斥责孩子前做什么**

| | | | |
|---|---|---|---|
| 作　　者： | （日）平井信义（Nobuyoshi Hirai） | 出　　版： | 中华工商联合出版社有限责任公司 |
| 译　　者： | 杨　喆 | 发　　行： | 中华工商联合出版社有限责任公司 |
| 策划编辑： | 于建廷 | 印　　刷： | 唐山富达印务有限公司 |
| 责任编辑： | 效慧辉　王　欢 | 版　　次： | 2019 年 4 月第 1 版 |
| 特约编辑： | 陈总峰　张凤霞 | 印　　次： | 2022 年 2 月第 3 次印刷 |
| 责任审读： | 付德华 | 开　　本： | 880mm × 1230 mm　1/32 |
| 营销总监： | 姜　越　郑　奕 | 字　　数： | 210 千字 |
| 营销企划： | 张　朋　徐　涛 | 印　　张： | 6.5 |
| 封面设计： | 周　源 | 书　　号： | ISBN 978-7-5158-2470-3 |
| 责任印制： | 迈致红 | 定　　价： | 48.00 元 |

**服务热线：** 010-58301130
**团购热线：** 010-58302813
**地址邮编：** 北京市西城区西环广场 A 座
19-20 层，100044
**Http：** //www.chgslcbs.cn
**E-mail：** cicap1202@sina.com（营销中心）
**E-mail：** y9001@163.com（第七编辑室）

**工商联版图书**
**版权所有　盗版必究**

凡本社图书出现印装质量问题，
请与印务部联系。
联系电话：010-58302915

# 序

## 孩子的干劲来自好奇心

### ☆孩子因好奇心而有干劲

说起“干劲”一词，不知道各位宝爸宝妈的脑海里会有怎样的印象，自己家孩子的哪些行为会让你感觉到他（她）很有干劲呢？

“干劲”，也可以被称为“热情”“气力”，如果把人格分为“知”“情”“意”三类的话，“干劲”则属于“意”的范畴，所以也可称其为“意志力”。这样一来，没有“干劲”的人则被形容为“无气力”。近年来很多孩子被贴上了“三无主义”或“五无主义”的标签。

所谓“无”是多种多样的，有人将其列举为“无气力，无关心，无责任”，有的说法则是“无感动，无抵抗，无批判，无定见，无思想”，还有人加上了“无能力，无学力，无教养，无节操”。将所有这些加在一起就是一个“十二无主义”的年轻人。

可以说以上列举的词语都与“干劲”一词产生了不同程度的联系，在考虑孩子的问题之前，各位爸爸妈妈其实最先思考的应该是自身的“干劲”问题，因为孩子的教育本质上是一件需要家长以身作则的事情。

那么，“干劲”或者说“热情”，究竟是怎样的一种心理活动呢？笔者与十名同事一起围绕这个问题开展了长达五六年的研究工作，从研究结果来看，这背后最深层的心理活动就是“好奇”。

心理学上的“好奇心”是指“人类作为一种无法停止活动的存在，自发地寻找刺激或信息，寻求适度紧张或困难的一种心理”。内在的好奇心往往会通过各种形式外化，放到孩子身上主要有两种呈现方式：一种是“淘气（探索活动）”，另一种则是智力活动。

☆好奇心从“淘气”开始

一岁的宝宝身上就已经有“好奇”这一表现，因此可以说“好奇心”其实是人与生俱来的一种能力。而“好奇心”最直观的表现就是诸如爬来爬去一类的通过身体的移动而呈现出来的“淘气”行为。对于婴儿来说，身边的一切事物都是陌生而新奇的，都是初生的他们从未见过的，对于这些事物的试探也随之开始。

比如说，面对废纸篓，孩子就会想知道里面到底装了什么，抱着这样的好奇便开始行动：拿起纸篓，将里面的东西统统倒出来，随后开始将认为可以吃的东西塞进嘴里。此时正是孩子通过嘴巴进行探索的时期，而纸篓中的东西大多都是吃不了的。明白这一点后，孩子便会选择放手，留下一地的狼藉，再去寻找新的感兴趣的对象。

而作为妈妈，看到被孩子搞得乱七八糟的一地垃圾，通常会觉得十分头大。如果此时妈妈告诉孩子这样子的“淘气”是“不好”的，就等于将孩子好奇心的萌芽扼杀了。同样，如果孩子将不干净的东西放进嘴里时，妈妈告诉孩子“脏脏”的话，孩子便有可能停止用嘴巴探索事物的活动。所以，当我们看见孩子在倒腾废纸篓的时候，只需要在一旁安静观察。孩子只要发现里面没有能吃的东西时，便会自行离开，而妈妈只需要稍微收拾一下就行了。

当妈妈“吭哧吭哧”地将散落一地的垃圾装回废纸篓中时，孩子如果感到有趣，便会来到妈妈跟前，学着妈妈的样子收拾起垃圾。但是此时孩子头脑中并没有“自己正在收拾垃圾”这一意识，仅仅是出于兴趣而模仿这一动作。

有的孩子还会对抽纸表现出极大的兴趣：将探出包装盒的一张纸巾抽出来后，下一张纸巾就会跟着探出头来，这对于小孩子来说极其有趣，于是孩子会一张接一张地抽，直到将包装盒里的抽纸抽空。我的孙子就曾在一两个月内抽空了五十包抽纸。我们通常会把抽出的纸巾装进一个大塑料袋，需要擦鼻涕的时候就从里面拿，所以也并没有浪费纸张。

像这样的“淘气”行为往往会持续一到两个月，一旦孩子对淘气的对象有了正确的认识，便会停止淘气行为，我将其称为“毕业”。孩子需要依靠自己“完成学业”，所以到“毕业”之前，家长只需要耐心等待，用“不可以”来阻止孩子是完全没必要的。

如果一直斥责孩子，孩子便会开始慢慢收敛起自己的“淘气”，变得老实本分，孩子的“好奇心”也会慢慢消失，随之消失的还有孩子的“干劲”。一想到这，我便提醒自己不要因为孩子的“淘气”而进行斥责，为了让他成长为一个充满干劲、活力满满的人，就让他做一个“小淘气”也未尝不可。

# 目 录

## 第三章　如何实行“不斥责教育”



## 第四章　叛逆证明有干劲



## 第五章　教会孩子体谅之心

## 第六章　“自由”与“放任”的区别

第一章 ▶▷

# 以『感性』培育孩子的干劲

“淘气”与“好奇心”密不可分

让孩子成为主动并充满活力的人

# “淘气”与“好奇心”密不可分

## ☆“淘气”是孩子在“做研究”

孩子满一岁后就可以自己走路了，一到此时，孩子就能从厨房洗碗台下面的橱柜里找出锅碗瓢盆进行玩耍，有时还会钻到橱柜里面玩耍。小家伙的一举一动其实都是在“做研究”：锅碗瓢盆的大小如何？都是怎样的构造？自己是否能够钻进橱柜？这些问题都在“研究”中一一知晓。

孩子有时还喜欢用手指给纸隔窗戳一个小洞，接着用手把洞开大，这其实是孩子在研究隔窗纸的性质。总之，孩子的手所能够到的隔窗纸无不千疮百孔，纸隔墙也“深受其害”。我曾去过一个朋友家，他家纸隔墙上被孩子捅的洞已经可以钻过去一个成年人了，我这位朋友非常赞同我的观点，支持孩子发挥自己的好奇心。

第一，“淘气”是孩子探知欲的表露，这绝对不是什么不好的事情，孩子绝不是诚心想让大人感到头大。第二，这样的淘气行为往往在一两个月后就能“结业”，并不会伴随其一生。

### ☆“淘气”与“教养的关系”

读完上文，有的妈妈可能要发问了：那是不是意味着不用教孩子规矩了呢？对此我想说：家长需要做的就是耐心等待孩子淘气行为的“结业”。

然而，有的妈妈对这样的回答会感到难以接受，有些有这种想法的妈妈往往都是太拘泥于“规矩”一事，有的妈妈还会质问：“难道就不应该教孩子什么是对的，什么是不对的吗？”对此我的回答是：“淘气”并不是坏事，树立起“孩子并不是生来就会故意做坏事”（性本善说）的观念十分重要。

但是，孩子的“淘气”有时确实会给家长带来很大的困扰，比如损坏家里的东西，那么在此时就有必要对孩子进行一定的教育。可家长们感到困扰的点又因人而异。

比如，孩子弄翻垃圾桶，有的妈妈会因为垃圾到处都是而感到烦躁，有的妈妈则会觉得也并没有什么大不了的，还有的妈妈则觉得把垃圾搞得满地都是简直不堪入目，非常丢面子。一旦遇上这样的妈妈，孩子则常会因制造一地垃圾而被大骂一顿。

我家的客厅就曾饱受孙子的“摧残”，其中一次是在他一岁半的时候。当时他正在玩积木，不知怎么的就扔出了一块拳头大的积木，被积木砸中的隔墙凹了下去，他见此随即走向隔墙，在凹下去的部分用手指抠出一个洞，一发现这个洞的后面竟然是空的，他便挥动手指把洞开得更大了。

当时，我便走到他身边轻声告诉他：“爷爷待会儿要补上这个洞真的很辛苦哦！”也就是**直接告诉他这件事给大人造成了困扰。结果就是，自那以后，孩子再也没有这样调皮过了**。这是因为孩子意识到自己不应该再给爷爷添麻烦。

这样的基础就是爷孙两人在平日里建立起来的感情关系。我经常陪着孙子玩耍，孙子每天“爷爷，爷爷”地缠着我。我从来不训斥孩子，提倡不批评教育也将近四十年了，这一部分在后文会进行详述。

还有一次是他三岁两个月大的时候，我一回到家就发现隔窗和隔墙上都用红色魔法笔画上了巨大的“×”，我问妻子：“发生什么事了？”妻子回答：“傍晚孩子他妈刚给他讲了《一千零一夜》里的故事。”

故事是这样的，有一个小偷打算去有钱人家里实施偷窃，于是提前在门口留下了“×”状的记号，有一位智者发现这一点后便在每家门口都画了同样的记号，小偷被众多的记号弄昏了头，最后只得作罢。如此便知，孙子的意图要不就是为防止小偷进家里，要不就是想要变成故事里的智者。

然而，红叉画得再大点就比较麻烦了，要是孩子跑到别人家门口去画红叉就更伤脑筋了。因此，见到孙子后我便告诉他：“爷爷要把这些红叉弄干净可得花不少的钱呀。”感受到我的为难后，孙子再也没有这样调皮过了。

破掉的隔墙和红叉都原封不动地保留了一阵子。之所以这么做，是想到接下来还会有孙辈们降生，这些小家伙们一定也会各种淘气，把这些物件一一换新的话将是一笔不小的支出。

此外，还考虑到这些东西以后也可以成为教育大人们的“教材”。以后来了客人就可以告诉他们“这是我孙子的杰作”。客人们一定会不解：这是什么作品？我便可以说这杰作就是孩子的“淘气”，“丢面子”之类的想法已完全不会存在。

### ☆以“感性”培育孩子的干劲

仔细观察孩子的“淘气”行为，便能发现其中孕育着创造力的萌芽。有些爸爸妈妈会为此而感动，因为这些感动而感动的爸爸妈妈本身富有“感性”。如果是不喜欢让孩子给自己“找麻烦”的父母，每逢孩子淘气则一定会“严加管教”，这样的父母就无法感受到孩子的创造力。

父母的感性对于孩子情感方面的成长至关重要，富有“感性”的父母会为孩子的行为，特别是孩子的“淘气”行为感动，这也就是说这样的父母能够对孩子的“淘气”行为予以充分的肯定。**“淘气”行为得到父母认可的孩子也往往成长为富有创造力的人。**也就是说，孩子的“个性”能得到充分发挥。

以上的内容在 1990 年四月开始实施的《幼儿园教育要领》和受到强烈呼声要求得到实施的《托儿所保育方针》中都得以强调。这两份文件都要求幼教人员将曾经的指导型幼儿教育转变为以孩子自身为中心的幼儿教育。也就是说，要求幼儿教育要重视孩子自发性的游戏活动，并提供必要的援助。如此才能更好地培养孩子的热情，也就是“干劲”。自发性的游戏活动中所产生的创造力的萌芽也能得到保护。

# 让孩子成为主动并充满活力的人

## ☆让孩子变得主动又能干

当孩子的“自发性”成长得到外界的助力时，孩子才会干劲十足，充满热情。幼儿的“自发性”是指孩子自己想出游戏的玩法（自主思考）、自己判断怎么玩会更有趣（自主决定），同时不依靠他人去进行游戏（自主实现）的能力。

拥有以上能力的孩子一旦被给予“你怎么玩都可以”的自由，其成长到三岁以上便会在各类活动中表现出十足的活力。他能一个人或者邀请朋友一起顺利展开游戏，不会表现得心不在焉、优柔寡断，也不会遇事就向老师请示“我这样做可不可以”。

在实施幼教人员指导型幼儿教育的幼儿园或托儿所里成长起来的小朋友在被给予“自由”时，往往会表现得优柔寡断、心神不定，遇事则问“我可以这样做吗”，没有幼教人员的指示就无法做出自主行动。

因此，**想要为孩子挑选一个重视孩子“自发性”的幼儿园，必须看该园是否重视孩子的自主游戏能力**。有些幼儿园的幼教人员会对孩子发号施令，统一对孩子实施管教，这样的幼儿园也是需要回避的。这一类幼儿园不仅没有充分贯彻《幼儿园教育要领》和《托儿所保育方针》，还会对孩子的干劲造成打击。

### ☆自由与放任的区别

孩子的“干劲”会随着“自发性”的发展而提高。要提高孩子的“自发性”，最重要的就是给孩子“自由”。然而在日本能够正确理解“自由”的人并不多，其表现便是将“给孩子自由”与“放任孩子”混淆的人并不在少数。著名的教育学家也指出，“二战”后的放任教育教坏了孩子。

我主张给孩子“自由”，但我认为放任孩子的行为是不可取的。因为给孩子“自由”能够提高孩子的“自发性”，但放任孩子，则会让孩子变得毫无规矩。所以“给孩子自由”和“放任孩子”是两个对立的概念，二者其实是相反的。

那么，二者的区别到底在哪里？“放任孩子”是指父母让孩子随着自己性子做事的教育态度，放弃对孩子进行教育的责任。这也会造成孩子缺乏责任感，形成自我中心主义。

与此相对，“给孩子自由”是指密切关注孩子的一切活动，不随便插嘴、插手的教育态度，在此过程中，有必要对孩子的责任心是否得以养成进行观察。

关注孩子的活动时，不少父母常常怕这怕那，觉得孩子做错了、孩子所有的行为都显得不成熟，因此，下意识地插嘴插手，而且，这些父母认为自己所做的不过是对孩子的正常管教。

特别是有不少父母甚至认为插手是慈爱的表现，事实上，这会造成“过度保护”。这种“过度保护”问题在老人带孩子的过程中尤为突出，因此而造成的孩子“自发性”发展延滞的案例也不在少数。可以说这份“慈爱”反而害了孩子。

**密切关注着孩子，不随便插嘴插手，我将这种教育方式称为“交付”**。我提议：把一切都交付到孩子自己手中吧！

对此，很多父母回应：“这么说，只要做到放手就对了，是吧？”

“放手”其实与前文所说的“放任”无异，都是不可取的。而“交付”则是指让孩子肩负起“责任”。孩子做事虽然显得笨手笨脚，但他总是自己在做，虽然时常会遭遇失败，但孩子总在想办法克服困难。通过这种经验的积累，孩子的“自发性”会得到充分的发展，孩子的“责任感”也会随之增强。

### ☆力荐“无言之道”

经常有孩子读小学的父母向我倾诉孩子缺乏干劲的困扰。对于这样的父母，我通常劝他们学会对孩子进行“交付”，并向他们力荐“无言之道”。

在孩子学习时，不对孩子发出“给我好好学习”“给我好好完成作业”一类的带有命令口吻的指令，其实就是在践行“无言之道”。

践行“无言之道”并不是要求父母对孩子的一切行为不闻不问，父母可以与孩子进行愉快的对话交流，也需要倾听孩子所说的话，只是要求父母避免一切命令的口吻。因此在初涉“无言之道”时，面对还是小学生的孩子，不妨这样跟他说：“今天开始妈妈不会再对你说‘给我怎样、给我怎样’了，如果妈妈再说‘给我怎样’的时候，你可以提醒妈妈‘你又说啦’，好不好？”

这样一来，孩子就可以在父母发号施令时为其指出来：“你又说啦！”这时父母所要做的就是向孩子道歉，说一句“对不起”。这一句道歉对于建立与孩子之间的信赖关系是非常有效的，孩子会觉得爸爸妈妈在为赢得自己的信任而做出努力。

可是有的父母表现得极为傲慢，在孩子为自己指出错误时怒上心头，对孩子进行数落：“你要是做得足够好，妈妈才不会说你呢！”这便是本末倒置了。这样的父母并没有意识到

**正是自己经常对孩子发号施令，才导致了孩子干劲的缺失。**

如果父母对自己的错误有充分的认识，便能够坦率地向孩子道歉，而只有父母足够坦率，孩子才能逐渐感受到“责任”的重要，并自发地学习。

但是，父母对此不应该有过急的期待，有时候把事情交给孩子后，孩子并不会主动学习，结果可能是成绩越来越差。但是爸爸妈妈们还是应该沉住气坚持“无言之道”，这样孩子才能一点点地向自主学习转变。同时，也建议爸爸妈妈们根据孩子的学习情况请来对应学科的家庭教师。

换言之，“自发性”的成长是一个可见的过程，“自发性”是深埋在每一个孩子身体中的与生俱来的能力。

### ☆主动的孩子更擅长结交朋友

“无言之道”的作用不仅表现在学习层面上，还表现在孩子的交友能力上。

缺乏朝气的孩子往往不愿意主动结交朋友，甚至有的孩子根本没有一个朋友。然而一旦孩子的“自发性”得到提高，他便会开始主动邀请朋友来家里玩或者去朋友家里玩，享受交友的乐趣。

能够在生活中与朋友开心地玩耍，是判断一个人社会性发展程度的重要依据。**在交友方面有障碍，意味着一个人“自发性”的发展不成熟，同时也伴随着“社会性”的发展不成熟。**

很多孩子都觉得学校的课程无聊，但是因为可以和朋友玩耍还是会选择去上学。学校的课间时间其实是有它本身的价值的，在这一点上，日本小学的课间时间还是太短了。

我的孙子曾在英国上过一年小学，英国的课间时间之长令我十分吃惊。他在那里结交了密友，回日本后仍对这份友谊津津乐道。几年后，为了再会密友，他还利用暑假时间跟全家一起再去英国。

现今日本存在处处为难归国子女的教育体制。如果不早日一改教师视野的局限和以条条框框束缚孩子的教育体制，又怎么能培养出合格的国际化人才呢？

活得自然的孩子才是最幸福的。

### ☆幽默感与创造力来自淘气

21世纪教育的首要任务是培养国际化人才，那么要成为一个国际化人才需要具备哪些资质呢？

首先要有积极性。一个人是否能以充满积极性的姿态和昂扬斗志向前进，与一个人的“热情”，也就是“干劲”有很大关系。“热情”与“自发性”成正相关关系，所以在教育孩子时，必须要思考如何帮助孩子提高“自发性”。要做到这一点，就需要给孩子自由，具体的做法将在后文详述。

另外，还要培养孩子的幽默感。要做到这一点，就需要重视孩子的“玩笑”。伴随“玩笑”的是“笑声”。“笑声”对人的心理和生理都是大有裨益的，曾有报道说，某重病患者因欢声笑语而痊愈了。如果父母每天都是乐乐呵呵的，那么家中的气氛就会轻松融洽很多，这能够帮助孩子获得情绪上的稳定。

特别是在与欧美人交往的过程中，玩笑（Joke）是不可或缺的。在欧美，幽默感被认为是领导力的一种。**也有人说幽默能够通向“爱”，并与“体谅”息息相关。**

综上所述，一个国际化人才应具备积极主动地与各国人打交道的意识，理解幽默和玩笑的能力，以及对对方的“体谅关心”。

21 世纪教育的第二大任务是培养富有“创造力”的人才。“创造力”是指产生前所未有的新想法以及发明新事物的能力。

具有“创造力”的人不仅能自得其乐（尽管在创造的过程中会有痛苦），还能为世界上其他人带来福祉。有创造力的人每一天都充满生气，即使到了老年也是如此。由于“创造力”是发明新事物的能力，拘泥于旧有的框架是无法真正拥有“创造力”的。

另外，打破旧有的框架是需要“热情”的。因此，父母需要培养孩子的“自发性”，给予孩子自由。

### ☆努力型的孩子是这样诞生的

“自发性”得以顺利成长的幼儿，就算家长不对其进行命令，他也能自己主动地展开游戏。因此，一两岁的孩子往往显得好动。这时的孩子像前文所说的那样会变着花样淘气，结果往往让家长们感到头大。

但是一想到要培养孩子的创造力，还是不要将“淘气”当作坏事来训斥孩子。我甚至想要喊出这样的口号：“让孩子成为一个小调皮吧！”

同时，父母也要善意地告之“有人会因为你的淘气感到困扰”这一事实，这样就能让孩子产生不给他人添麻烦的想法，**当孩子判断自己的行为会给他人造成麻烦时，即使再想淘气也会学着忍住，这便是孩子的“自我控制力”。**

这样的能力与父母的斥责之类的外部控制力完全不同。**“这**

**样做会被骂，所以不能做”——有这样想法的孩子，在没有旁人管教时，往往不清楚自己应该做什么。**常常放飞自我，给他人带来麻烦，有时候甚至会把自己弄伤。

这种案例在日本近三十年的小学生暑假合宿中就常有发生。在这种合宿中，孩子与大人共同建立起了如下方针：不规定课程、不规定禁止事项、无论孩子做什么都不能骂孩子。

这就等于是给了孩子全面的“自由”，结果就是很多平日里乖乖听父母和老师话的“好孩子”开始表现得无法无天。这种孩子的状态完全是将平日压抑许久的欲求一并发泄的状态：有的在走路的时候用棒子敲打朋友和大人，有的在房顶上乱跑，令大人手足无措。

也就是说，来参加合宿前的“好孩子”们为了逃避父母和老师的斥责、获取夸奖，平日里都伪装着自己。孩子一旦这样伪装自己，到了青春期以后往往会产生诸多的问题。

具体问题诸如：孩子突然拒绝上学、精神疾病和身心疾病，等等，这给孩子和父母都带来了巨大的痛苦。

## ☆何为真正的“好孩子”

何为真正的“好孩子”？正如前文所说的那样：经常“淘气”，爱开玩笑，“反抗”父母和老师，与朋友“吵架”，生活状态自然且有活力，这样的孩子便是真正的“好孩子”。这些表现会随着孩子年龄的增加改变形态，而这往往会令拘泥于固有好孩子形象的父母生气和担心。

说到这里，心态较宽容的父母在看到孩子的所做作为时往往能保持淡定，而信奉管教主义的父母多数会情绪焦躁并训斥孩子。**特别是有的时候会着急想要孩子尽早学会规矩，斥骂起孩子便刹不住车，这往往会给孩子留下心理阴影。**

有两名遭遇相似的大学生，两人都在缺少欢声笑语的家庭中长大，他们各自的父亲都暴躁易怒，从小时候起，即使全家出游也难以感到快乐。其中一位曾考虑过自杀，另一位则因为疑心太重而几乎没有朋友，也常常因细微的动静而神经紧张，为此他们都曾到我这里寻求过帮助。

对孩子的某些行为比较在意的爸爸妈妈，不妨根据孩子的具体问题找一些相关的书籍阅读。个人比较推荐《请注意一岁宝宝的这种行为》这样针对年龄段一目了然的书籍。（拙著《如何与幼儿好好相处》仅供参考）

第二章 ▶▷

# 『好孩子』的恼人之处

了解孩子的成长过程

# 了解孩子的成长过程

## ☆不听家长话的“好孩子”

在我的三个孩子的幼年时代，我曾得到一本写孩子行为方式发展的书《从零岁到六岁》，作者是美国人，名叫格鲁塞。每当我准备斥责孩子之前，我都会翻开书看一看。在这个过程中，我经常发现书中说孩子的一些行为是成长过程中很正常的行为，犯不着骂孩子。

按照格鲁塞的说法，孩子的成长是一个左右摇摆的过程，在一个时期孩子会不听话让家长犯难，紧接着便是一个听话的时期，随后又一次进入一个不听话的时期。所以，如果一个孩子自始至终都听家长的话，那么说明这个孩子多少存在一些问题。

这样的孩子比较明显的一个特征是缺乏“热情”，也就是没有“干劲”。这种缺乏干劲的孩子不仅不会给家长添乱，对家长来说还很好管，很多家长认为这样才是“好孩子”。**家长必须明白，当一个孩子表现得过分成熟，乖乖听家长的话，表现得守规矩懂道理时，这些往往是孩子缺乏“自发性”和“干劲”的表现。**

相反，真正有“热情”和“干劲”的孩子往往会各种淘气，对抗父母，爱开玩笑，与朋友争吵，让父母难以应付。父母常常会因为不知道怎么办而迷茫烦恼。**可以说，给父母带来迷茫与烦恼的孩子才是真正的“好孩子”。**

父母之所以会感到迷茫和烦恼，是因为父母缺乏与孩子成长过程相关的知识。如果父母能够补上这一课，那么迷茫和烦恼也就会消失大半了。

比如，在拙著《婴幼儿的成长》中就有介绍两岁至三岁孩子行为特征的内容。

## 两岁至两岁半的孩子

### a. 情绪与社会性

#### 1. 一如既往地静不下来

- 一如既往地好动，不停地游戏，不停地到处跑，很难闲下来，简直是一个天生的活跃分子。

- 刚想他是不是在坐他的小汽车时，他就已经爬到了椅子上面，接着又翻出了儿童书，把屋子搞得乱七八糟。让人觉得此时收拾房间简直就是浪费时间。

总之，孩子在这个年龄段热衷于各种身体活动，只要充分允许孩子的这些活动，孩子就会非常开心。完全没必要担心孩子是不是有多动症的倾向，父母仔细观察能够发现孩子其实是在全神贯注地进行游戏。

相反，有的孩子表现得规规矩矩，也不淘气，只是乖乖坐着，这样的孩子家长才应该予以充分注意。

2. 开始得意扬扬，骄傲自满

- 孩子在玩玩具的过程中有了新发现时，会满脸得意地说：“看！”并期待别人能够夸奖自己。

- 有了新衣、新帽、新鞋时，会忍不住向人炫耀，喜欢被人夸赞。

此时孩子的情绪开始变得丰富，换言之，孩子开始有得意自满的情绪了。有的妈妈看到孩子这个样子会担心孩子会不会变得自大傲慢，其实大可不必，这只是孩子的一个成长阶段。

3. 一如既往地我行我素

- 平时在家里会想到什么说什么。

- 特别喜欢摆弄大人的东西，向大人要点心之类的食物，坚持自己的要求。一旦把东西拿到手就不会轻易松手。

这时，如果父母能好好跟孩子商量，孩子也能勉为其难地接受替换的物品。慢慢地，孩子开始学会控制自己的欲望，当然，依然会经常“给我！给我！”这样吵着要东西。

4. 对自己的所有物视若珍宝

- 爱护自己的玩具，尽管可能会把玩具弄脏，但不会像以前那样弄坏玩具。

- 正因为如此，孩子不愿意将自己的东西借给他人或与他人分享。和其他的孩子在一起玩时，也紧紧拿着自己的东西不松手。或者喜欢把东西藏起来。尽管孩子偶尔能把自己的东西借给别人，但还是会担心地叮嘱：“这是我的东西哦。”

不要觉得孩子这样就是吝啬的表现，这只是孩子所有意识开始出现的一个表现。家长应该重视培养孩子的这种意识。

5. 在穿衣服之类的小事上磨磨蹭蹭

- 想要自己吃饭穿衣，却总是磨磨蹭蹭。

- 妈妈来帮忙时，孩子却把注意力转移到其他事情上，影响到穿衣服的速度。妈妈发现在这件事情上浪费太多时间后，便忍不住收手并斥责孩子。但此时只要妈妈说“要出门啦！”“要开饭啦！”之类的话，孩子的动作便会立马加快起来。

- 在穿衣服的过程中，跟孩子说：“稍等一下。”只要时间不是太长，孩子一般都会原地等待。

- 命令孩子收拾，孩子老是磨磨蹭蹭不愿意行动，此时与其说“把玩具收起来吧”，不如说“小熊要回家睡觉啦”！这样，孩子就会高高兴兴地照办。

6. 吮手指的频率减少

- 吮手指的频率明显减少。在白天的玩耍时间，孩子不吮手指了。只有在饿了、疲劳、失望、兴奋的情况下才会吮吮手指。

- 但还是会在玩累的时候吮手指、哭鼻子或向爸爸妈妈撒娇。很多孩子还会在晚上入睡后吮手指。

白天吮手指的频率减少是这个阶段孩子的一大特征，因此，如果孩子吮手指的频率与以前相比并没有减少的话，就应该注意孩子的活动是否受到了妨碍。妈妈应该检讨是否是因为自己的拒绝导致了孩子不敢向自己撒娇。

7. 有“好孩子”与“坏孩子”的概念

- 特别是在一些日常生活习惯方面，比如说当孩子乖乖地上厕所，穿衣服不再磨磨蹭蹭时，便会受到类似“真是好孩子”这样的夸奖。

- 在遭遇失败或者不听妈妈话、给妈妈添乱时，就会被称为“坏孩子”。

由于“好孩子”与“坏孩子”是父母经常在日常生活中给予孩子的评价，所以在评价孩子的行为是“好”还是“坏”时，应当慎重考虑，避免做出草率的判断。另外，对于“好”与“坏”的评判标准应在家中进行统一。

8. 与父母日渐亲密

- 特别黏妈妈，喜欢跟妈妈有亲密的肢体接触，比如，坐在妈妈的膝头。

此时，坐在妈妈膝头听妈妈讲话对于孩子来说是一种非常愉快的感受，同时，孩子也很乐意给妈妈讲自己的所见所闻。

- 碰上麻烦的事情时，更喜欢让妈妈帮忙解决。特别是束手无策或困了的时候，第一个想到的肯定是妈妈。

就算此时妈妈正在跟客人甚至是爸爸讲话，孩子还是会为了吸引妈妈的注意力而打断妈妈的谈话，故意给妈妈讲事情。这些现象都表明孩子跟母亲正处于一个高度亲密的关系中。此时，母亲要循循善诱，教孩子学会在别人说话时稍事等待。但是要注意，就算孩子再吵，也不应该表现出不耐烦。

- 与爸爸玩耍的时间增加，没有什么比和爸爸玩耍更开心的了。

当爸爸和孩子单独在一起的时候，相信不少爸爸都经历过孩子对自己的邀请："爸爸陪我玩儿！"辛苦一天的爸爸这个时候陪孩子玩儿一定十分辛苦，但是请各位爸爸不要忘了：此时是建立父子（女）关系的绝佳时期。

爸爸妈妈们应该意识到，孩子在这个时期的撒娇和玩耍都是属于父母各自的宝贵时间。

9. 对兄弟姐妹漠不关心

- 有时会和哥哥姐姐一起玩耍，但是无法很好地找准自己的定位，结果就变成各玩各的，孩子自己也会觉得毫无乐趣。

- 在面对弟弟妹妹（婴儿）时，有时会对婴儿用品（衣服、奶瓶、婴儿床、爽身粉等）感兴趣，时而远观，时而拿在手里玩，但是对婴儿本身不是很感兴趣。

当孩子因为乱碰婴儿用品而被斥责时，会产生诸多反应，例如对婴儿本身产生厌恶，在母亲面前变得更加爱撒娇。

具体来说，父母应该思考一些让孩子正确对待婴儿用品、正确参与婴儿成长过程的方法。

10. 时刻留意小伙伴的动态

- 与以往不同，当身边有年龄相仿的孩子时，会更多地留意同龄人的举动。也就是说，开始对小伙伴的事情变得在意。

- 在与小伙伴做游戏时，会时刻留意小伙伴的存在，小伙伴走到哪里孩子也会跟到哪里。

- 不管是认识的孩子还是不认识的孩子，都会陪在其身边，有时还会抱抱对方。

- 度过这个阶段，开始与朋友互相影响。

比如说，小伙伴在玩沙子，孩子也会以同样的方式玩沙子。经常会跟在小伙伴的后面屁颠屁颠地你追我赶，玩得不亦乐乎。在家里的时候，也会模仿其他小伙伴在一张纸上用蜡笔画画。

- 但是还是会独占自己的所有物，特别是玩具。拒绝把自己的东西借给小伙伴，当小伙伴伸手来拿时会用双手阻挡对方。

当小伙伴开始抢夺时，孩子会敲打、掐、咬对方。尽管对自己的东西视若珍宝，不愿外借，但面对小伙伴的玩具还是会伸手抢夺。孩子们此时围绕玩具的抢夺往往会闹得鸡飞狗跳。

当老实温顺的一方抢夺失败后，抢到玩具的孩子也并不会觉得自己做得不对。也就是说，就算老实温顺的孩子在这个过程中被弄哭了，抢到玩具的一方还是会理所当然地享受自己的“战果”。此时，抢到玩具的孩子的母亲也许会连声道歉并责备自己的孩子，另一个孩子母亲可能会认为对方是坏孩子。无论如何，此时家长们都考虑得太多，等孩子过了这个时期到三岁左右时，便逐渐能学会与小伙伴和谐相处。

11. 认生

- 此时的孩子还是一如既往地认生。当有人向他打招呼时，孩子往往会啃手指，躲到妈妈的背后，这并不意味着孩子是“畏首畏尾”。

- 就算是初次见面的人，一旦稍微亲近起来，还是会愿意与对方分享自己的玩具。

- 在被爸爸妈妈催促说“和 ×× 说再见”时，会说拜拜。就算在别的地方玩耍，也会隔空说一句“再见”，有的比较积极主动的孩子还会挥着小手说“再见”。

- 一旦与人亲近，也会对这个人所在的地方产生亲近感。

不管是医院还是理发店，只要孩子与里面的人亲近之后，便会不再排斥去那里。如果孩子喜欢一个医生，在自己生病的时候，孩子便会主动说：“我要去医生那里。”由此可见，孩子内心的情感关系是多么重要。

12. 游戏成为日常生活的一部分

- 孩子独自玩耍的时间往往会比较长，有时甚至持续一个小时。

- 这一类游戏多使用人偶和过家家的道具，具体来说，内容多与家务和育儿相关：给人偶或动物玩偶喂食、让他们小便、熨衣服、洗衣服。

通常女孩子比较喜欢玩这一类游戏，但是给男孩子人偶或者动物玩偶，他们也应该会进行相同的游戏。

- 男孩子大多喜欢玩玩具车。他们经常让玩具车并排跑，特别喜欢让玩具车沿着沙发的外缘跑。随后进一步拓展空间，从一个屋子跑到另一个屋子。

- 会跟着哼歌，随着节奏手舞足蹈，但是此时还无法唱准音调。

如此一来，日常生活中所学到的东西都在游戏中得以体现了。观察孩子过家家的过程就能发现孩子其实是在模仿妈妈的动作。由此不禁让人感叹，孩子所在的生活环境对孩子的影响太重要了。

13. 喜欢散步，难以适应新环境

- 外出散步时，喜欢牵着大人的手。

- 在外面显得比较安静胆小，但是会喜欢沿着道路边缘和狭窄的堤坝走，同时还会经常触摸电线杆、垃圾桶等路边的东西。

- 去往与平常散步的路线不同的地方时会感到害怕、厌恶。

每当孩子进入一个新的环境，一开始会无法融入这个环境，边哭边咕哝“回去吧，回去吧”。然而一旦对环境中的某件东西感兴趣后，就会停住哭泣静静观察。不过一旦发现这个东西并不有趣后又会接着哭泣。

家长有时候是想让孩子开心才带他来到某个地方，然而孩子却哭个不停，对此家长往往束手无策，有时候甚至会感到生气。此时，与其斥责孩子不如反省是否是自己挑的地方不对。

## b 生活习惯

### 1. 睡眠

中午

- 孩子有时候睡午觉，有时候不睡午觉，有时孩子可能会睡上两三个小时。事实上，要求孩子每天睡午觉也是很难做到的。

有的孩子不睡午觉，而是利用午睡时间来玩耍，也有的孩子每天一定要睡午觉。因为睡午觉这个习惯本身就因人而异，所以，就算孩子从不睡午觉也不用太过担心。

- 当孩子午觉醒来发现周围没人时，往往会磨磨蹭蹭不起床，赖在被窝中。

晚上

- 孩子白天活动量比较大，可能还没到晚上睡觉的时间，就感到困意了，并且能够很快入睡。有的孩子会说自己困了，有的孩子则会一声不吭直接趴在饭桌上睡着了。

孩子能否养成早睡的习惯，与其白天的活动量和运动强度有密切关系。活动量较少的孩子晚上入睡慢，早上有时会起得很晚。特别是在午觉睡太久的情况下，晚上更加难以入眠。因此，控制好午休的时间长度是非常必要的。无论是在托儿所还是家里，午休时间都应该纳入考虑范围。

- 睡觉的时候，会把玩具或者故事书带上床，这是孩子的一大乐趣。特别是对于喜欢看故事书的孩子来说，妈妈在枕边给自己读故事简直是无比幸福。

- 害怕在昏暗的环境中入睡，有时会要求开着灯睡。如果灯光太亮又会睡不着，因此最好选择较为微弱的灯光。在孩子睡不着时，可以为其整理好被子，不让两肩周围空出来，这往往有利于孩子安稳入梦。在入睡前，孩子往往会翻过来翻过去，折腾很长一段时间。

- 有的孩子整个夜晚都睡得酣甜，有的孩子却会因为憋尿起来好几次。有的孩子还容易尿床，所以应该给这样的孩子提前穿好纸尿裤。

这个年龄段的孩子个体差异较大。另外，还有的孩子会被细微的动静惊醒。

早上

- 大多数孩子会在六点半至七点半这一时间段醒来，在吃早饭前，孩子会自己玩耍。

上面所说的睡眠时间，在欧美国家相对更好地得到了保证。孩子都有自己的房间，社会中每个家庭的时间表也大致相同，这也就更加容易保证孩子的就寝时间和起床时间。在日本，由于职业原因（特别是商业），下班的时间往往很晚，父亲到家时间一晚，就寝时间就没法得到保证，起床时间也随之受到影响。

2. 吃饭

- 乳牙长全，能够利用双颌和舌头，将嚼碎的食物下咽。

- 比起混合搅拌的食物，更喜欢保持本来样子的食物。

- 对格外喜欢的食物会通过在食物的名字前加上“我要吃”来进行请求，对不喜欢的食物则会加上“我不喜欢”来表示拒绝。

- 并不是一天中的每一顿饭都有好胃口，午餐往往是食欲最佳的一餐。

- 有的孩子能在吃饭的过程中保持桌面的清洁，而大多数的孩子还是会将饭菜洒出来。有的孩子还会因为被洒出来的饭菜吸引了注意力而放下碗筷。这个时候，应该提醒孩子继续吃饭。

- 开始熟练地使用勺子，能够用拇指和食指拿起勺子并顺利将食物送入口中。

- 能用单手拿杯子或茶碗，并用另一只手扶住。并以这个姿势喝水，也能原样放下。喝水的时候经常有水顺着嘴角流出。

想要自己吃饭，会对妈妈说：“妈妈，你去那边。”吃完后再把妈妈叫回来。

- 喜欢点心，想要吃更多时会说“我还要”，听到“已经没有了”能明白是什么意思。

这个年龄段的孩子如果贪得无厌地说“我还要”的话，家长则应该反省是否过于听从孩子的要求。另外，还应当规定一个界限，教会孩子认清这个界限。

- 看着妈妈在做饭时，能够在一旁乖乖等候，有时还能够帮一些小忙。

让孩子帮自己做一些其力所能及的事也是十分重要的。

3. 大小便

大便

- 想要大便前能向家长传递有关信号并顺利排便。当然也会有不顺利的时候，这种情况多在饭后。

因此，到这个年龄段孩子还不会表达排便的意图或者孩子老拉在裤子里的话，其实都是不正常的现象。造成这一现象的原因多是太早教孩子相关规矩导致诸多失败。大人在让孩子放手去做时，还是应该尽量陪在孩子的身边。

- 一般都是家长帮忙脱下裤子，有的孩子可以自己脱内裤。

给孩子脱完裤子后，孩子会说“要拉了”，然后自己坐上马桶，上完后会告诉家长说“拉完了”，将下身完全脱光孩子排便会更方便，还有的孩子会要求把上衣也脱掉。

小便

- 能分清“臭臭”和“尿尿”。

- 能在准备工作做好前憋住不尿。

- 在每天的固定时间和睡前督促孩子小便，孩子往往会乖乖照做。

- 有时孩子会沉迷在游戏当中，就算有尿意还是会玩儿个不停。这样往往会尿裤子，有时还会连续几次尿裤子。

尿裤子后，孩子会因为不舒服而哭鼻子，但也有的孩子会自己脱掉尿湿的裤子。孩子尿裤子时，一定注意不要骂孩子或者数落孩子。

起夜

- 半夜让孩子起床尿尿能够避免孩子尿床，对于容易半夜尿床的孩子，建议父母还是要准备好纸尿裤。

半夜被叫起来后，有的孩子能够乖乖去厕所，而有不少孩子讨厌半夜去厕所。所以，与其强迫孩子去厕所，不如在房间内准备一个夜壶。

4. 穿衣脱衣

- 尝试自己穿简单的衣物，戴帽子，戴无指手套。

- 常常将两条腿套进一条裤腿里，把帽子戴反，而孩子自己却并不在意。

另外，当父母要求孩子自己穿复杂的衣服时，孩子能分清衣服的正反面；提起裤腰时，会一边请妈妈帮忙一边自己学习。培养孩子这种态度至关重要。

- 能够自己脱长袜和裤子。另外，外出的时候会记得拿外套和帽子。

这一类衣物最好放在孩子伸手就能够到的地方。

5. 洗澡

- 喜欢在玩耍后和晚饭后洗澡。

- 爸爸妈妈在给孩子洗澡的时候，孩子会学着自己给自己涂抹浴液，自己搓身体。

当然，孩子的一举一动都还显得笨手笨脚，但父母还是要尽量让孩子自己来。

6. 卫生习惯

- 早上起床后，与爸爸妈妈一起洗脸刷牙并乐在其中。

此时，让孩子乐在其中的同时帮助其养成讲卫生的习惯。

- 玩耍之后带孩子洗手。

洗手时玩玩水也会觉得趣味无穷。

c. 运动感觉

1. 运动

- 能在奔跑的同时不跌倒，奔跑时学会身体前倾，跑步姿势平稳。

- 走路的时候，膝盖和肘微微弯曲，双肩略耸，大幅摆动双臂。

- 捡起地板上的东西时，膝和腰同时弯曲；站起来时，先微微前倾，上身直立起来，接着抬头。动作几乎和大人一样。

- 跳跃时弯曲膝盖。懂得在运动中熟练运用关节。

- 要坐较高的椅子时先爬上去，再把屁股坐上去。

- 上下楼梯时，两步一个台阶。可以发现，孩子到这个年龄很多的运动都不需要大人帮忙了。

- 会自己踢球。

- 会学打棒球的姿势：手臂甩圈，前后挥动。

- 虽然喜欢秋千，但没有大人帮忙自己坐不上去，更没法自己荡起来。

- 会随着音乐和节拍做有律动的运动，喜欢跑跑跳跳。

因此，放着音乐时要让孩子尽情地跑跑跳跳。在这个年龄段，如果把孩子锁在家里，不给孩子充足的运动机会，将会影响其今后运动能力的成长。

- 能够自由地转动眼珠，会上看和斜看。

2. 感觉与手的运动

- 眼睛与手十分协调，眼睛看到的同时手能够做出相应的动作。

- 对积木很感兴趣，会扔积木和推倒积木。会用两个以上的积木来拼成交通工具，并喜欢搭好后推倒。有的孩子会把沙发的边缘当作车轨，但这只是少数。

- 会用六七个积木做成塔的形状，会把被子中装满积木。

- 会把小物件抓在手里玩耍，经常把小石头或者玻璃珠谨慎地拿在手中，还会自己整理收拾它们。

- 能够一页一页地翻书。这一点意味着孩子的手已足够灵活，能够控制手指的运动。

- 画画的水平进一步提高。

所画线条更富有变化，会学着画四边形和圆形，还能画点。此时能够固定手腕进行作画。能用两手拿着蜡笔画画。然而大多数孩子还是对色彩没什么兴趣，多是用一个颜色进行作画。所选的画笔颜色往往也是任意挑选。画画时候容易走神，有时候会离开画纸站一会儿再回到画纸前。

- 开始学习使用橡皮泥。其使用方法主要还是把所有橡皮泥揉成一团，并用两手按压，或者切碎后揉成团。

- 对沙坑表现出极大的兴趣。会往桶里装入水和沙，然后做成团状。有时能玩一个多小时。

- 喜欢将一件物品塞入另一件物品。

3. 言语

- 词汇量剧增，达到 500 个以上。

- 边看绘本边念书中所画食物的名字，同时喜欢问有关书中插画的问题。

- 终于能用三个及以上的词汇拼凑成一个完整的句子了。

然而，语言能力是因人而异的。有的孩子在一岁九个月的时候就能够说出包含三个词语的句子，有的同龄孩子却只能使用一个词语。大多数情况下，这种时间前后的差异与孩子的智力发展其实是无关的，草率地判断孩子的智力水平是很危险的。

- 喜欢自言自语。

孩子喜欢在玩玩具的时候自言自语，说的都是一些自身的经验。一个人在房间的时候会说得不亦乐乎，这其实是孩子在进行语言的练习。

- 能够向别人介绍自己的名字。

比如，自己的玩具被别人乱动时，孩子会说：“这个是小亚的玩具!”还会说：“小亚正在读书。”另外，对兄弟姐妹和其他的孩子开始以各自的名字称呼。也就是说，孩子已经学会使用名字这样的固有名词了。

- 会将自己的要求用“给我”一类的语句进行表达。另外，当孩子对某个东西或某件事有更多的需求的时候，会巧妙地使用“再要一个”“再来一次”这样的表达方式。由于说话的方式实在过于可爱，大人只能乖乖满足要求了。

- 能够熟练地区分助词。

表述地点时会用“这个里面”或“朝那边”一类的短语，表述时间时会使用“现在开始”“快要”一类的短句或词语。

- 在使用“现在”和“今天”一类表示时间的词时，能够理解它们的含义并能够使用它们。然而在使用“昨天”等过去式词语时常常会犯错。

两岁半至三岁的孩子

a. 情绪与社会性

1. 难以管教

- 这是一个难管教的年龄段，你刚以为孩子会乖乖听你话，他便突然变卦，我行我素的做法往往令家长疲于应付。

一边答应着父母的要求，一边又做着相反的事情且表现得云淡风轻。当你问他“要不要玩玩具”时，他回答“要玩”，转头又说“不玩了”。这些行为把大人折磨得十分恼火。

- 通常会以傲慢的态度向父母提出很多任性的要求，一旦被父母说两句就开始发脾气，变得不听话。

- 自己的行为一旦遇到阻碍，或自己的东西被人碰过后马上大发雷霆。一发怒便焦躁不安并开始大哭大闹，或者破坏东西，或者把椅子弄翻。

此时，不论父母是顺着孩子，还是大声斥责孩子都没有什么用。因此，父母在坚持原则的同时，不妨幽默一些，让孩子的情绪得到一定安抚。

这种强烈的情绪波动是怎样引起的呢？一般来说人们会用“叛逆期”来解释，然而，其背后必然不只有叛逆的因素，孩子自身一定带有某种焦躁的情绪。

在孩子发脾气时，父母唯一需要做的就是什么都不做，先让孩子自己慢慢冷静下来。因为此时如果和孩子搭话，孩子有可能再次发起脾气。等到孩子的情绪稍稍平和下来，再坐下来跟孩子沟通。如果经常顺着孩子的意思来，孩子往往会变得任性自大。

2. 吮手指的频率明显减少

- 只有在肚子饿和想睡觉的时候会吮手指。

如果这个年龄段的孩子还在经常吮手指，那么很有可能是因为孩子的一些欲求没有得到满足。具体原因有：平日里的活动受到了限制，独自玩耍的时间不够，因弟弟妹妹的降生而感到被忽视，等等。

- 会将自己喜欢的东西，例如玩偶或毛巾等随身携带。

这种情况在缺乏安全感的孩子身上更多见，缺乏安全感的原因应该从生活环境中找，这与吮手指其实是同一个原因。

3. 害怕的对象开始变化

- 这个年龄段之前的孩子往往会对声音感到恐惧，而进入这个年龄段之后的孩子面对诸如皮肤颜色不同的人、皱纹多的人、长得吓人的人，会通过视觉感受在脑海中加深恐惧的印象。

- 会对父母口中所讲的虐待小孩、虐待动物的人产生恐惧感。

需要了解的是，随着孩子精神世界的成长，令孩子感到恐惧的对象也变得更加复杂。特别是有的时候，孩子会通过面部判断对熟人表现出恐惧感，这常令家长感到吃惊和担心。

- 害怕父母在晚上出门，甚至会为此大哭。

4. 不愿分享自己的玩具

- 在大人看来，这样的孩子简直就是一个吝啬鬼。自己最喜欢的玩具，让别人看一看没关系，但绝不会借给别人玩。另外，为了不让别人碰自己的玩具，会事先将玩具藏好，不时还会检查一下。

- 尽管如此，有时却会抢走别人手里的东西。要不就是“借我玩玩！借我玩玩！”地缠着别人，想要把别人手里的东西拿到手，然而拿到手里后并不会马上玩。

看到这样的孩子，不了解孩子成长规律的人往往会觉得孩子吝啬、小心眼或是占有欲太强。然而，这其实是这个年龄段孩子的特征，是对自己的所有物有强烈意识的表现。到下一个时期，便会愿意将自己的所有物给朋友了。

5. 骄傲自大

- 热衷于自我夸奖，在堆好积木或者用蜡笔乱涂乱画后，自信满满地向人展示：“看看看！是不是很棒？”

- 会偷偷使用父母的东西，比如眼镜、烟斗、手表、化妆品等，并大摇大摆地使用。有时还会模仿爸爸往口袋里塞钱的样子，向他人表演。看的人往往会被孩子的样子逗笑，但是大多数孩子并不清楚自己所拿东西的正确用法。

- 喜欢穿经常穿的衣服，排斥穿新的衣服。

6. 对父母的态度发生变化

- 为了吸引家庭成员的注意，话变得多起来，尽管还是会跟爸爸妈妈撒娇、发脾气，但是跟以前相比，对妈妈的依赖明显减少。

- 妈妈说要给孩子帮忙时，孩子会说想要自己来做，对妈妈表示拒绝。但是上床睡觉的时候还是想要爸爸妈妈或者其他家庭成员陪在身边，只要身边有人就能感到安心。

- 有趣的是，在双亲关系和睦的家庭里，孩子会跟爸爸比较疏远。

比如说，半夜醒来的时候会想要妈妈来身边陪，则会对爸爸说：“不用来了。”不过一会儿又会转变主意。

逐渐理解家庭成员各自在家庭中的角色和作用后，会对家庭成员提出相应的要求。

在这个难以应付的时期，孩子精神层面的成长一直在有条不紊地进行。

7. 经常嫉妒弟弟妹妹

- 对于弟弟妹妹的嫉妒愈演愈甚。

就算有时候会有体贴弟弟妹妹的表现，但那也只是为了得到父母的表扬，思想上对弟弟妹妹们并不感到喜欢。

- 为了向妈妈争宠，有时会有婴儿的表现。

比如说，会对妈妈唯唯诺诺，想要使用奶瓶，故意把哭声弄大，使用婴儿用语。另外在一个人玩的时候会假扮婴儿。

对这个年龄段的孩子要求要有“哥哥姐姐的样子”其实是过分的。不如对孩子体贴一些，孩子要奶瓶的时候就给他奶瓶，这样其实更有利于孩子情绪的稳定。相反，如果斥责孩子让孩子觉得羞耻，反倒会令孩子在很长一段时间内胆小畏缩。

其实，这个年龄段的孩子能像照顾婴儿一样照顾娃娃，把娃娃放在膝上，给娃娃“喂奶”，一举一动都有模有样。

8. 主动结交朋友

- 孩子会很喜欢跟着家长去公园，因为那里总是会有很多小朋友。孩子在一旁看着显得饶有兴致。然而，有很多孩子只是喜欢观看，但并不能快速地融入集体游戏中去。
- 当孩子渐渐对这个环境熟悉后，便开始与其他孩子一起玩耍，模仿其他孩子的游戏。

看上去大多数孩子还是各玩各的，但有时孩子们也会做一些相互协作的游戏。孩子想要玩其他孩子的玩具时，会学着拿自己的玩具跟人家换着玩。在这个过程中，孩子便一点点了解如何与朋友建立起关系。而且与在室内玩耍相比，在室外更容易与朋友进行长时间的游戏。

虽然孩子身上会出现以上这些倾向，但大多数孩子还是不怎么愿意将自己的玩具借给别人，也很难同意把自己的零食分给别人，一起游戏时也无法做到耐心按顺序等待，每个人都想要争先，结果便是发生冲突。

- 这是最容易发生争吵的年龄段，特别是在争抢某一个东西时。

这种时候往往不是简单的动口，而是实打实的动手动脚，最后较弱的孩子只能落败哭泣。当孩子意识到自己较弱后，每当对方一靠近自己就会不自觉地哭泣，而较强的孩子则因意识到自己的强大而要起威风。

明白这种情况的父母在看到孩子之间发生争吵时，应该选择不插嘴，在一旁观望，只有在发生危险时才将孩子拉开。这种情况如果家长介入太多，草率地判断谁对谁错，并对孩子斥责的话，被斥责的一方则容易将对方孩子看作自己的敌人。

没有朋友的孩子往往喜欢假想出一个朋友，在独自玩耍中想象如何与朋友相处。因此，即使孩子在现实中与朋友有争吵，还是要让孩子主动去结交朋友。

9. 独处时间增加

- 经常一个人静静地看绘本，或者是收拾玩具。

虽然还是像以前一样玩完一个玩具接着玩下一个玩具，但并不是直接拿出下一个玩具，而是学着将之前玩过的玩具放回原处，也开始学会与妈妈一起收拾满地的玩具。

- 能唱几首歌的片段甚至是整首歌。

10. 一个人去散步

- 散步的过程中，时而跑到前面，时而落到后面，时而跑步，时而慢慢悠悠，总之就是想逃离父母。

- 会记得经常走的道路上的标志，会坚持走特定的路线到达目的地。

- 在买东西时，即使是易碎的物品也能放心地交给孩子，还能把东西送到短距离的地方。

11. 开始意识到男女有别

- 男孩开始明白自己和爸爸一样是男性，妈妈和女孩是另一种性别。女孩反之。

在被别人问“你是男孩还是女孩”时，男孩会回答“我不是女生”，女孩会回答“我不是男生”。

- 男孩会认识到自己与爸爸一样是站着尿尿的，而女孩和妈妈在这点上与自己不一样，同时还会为母亲乳房的大小感到不可思议并追问其原因。

- 脱掉衣服后会注意到自己的生殖器，有时会伸手摆弄。

- 男孩有时候会喜欢玩女孩的玩具。

了解到孩子对男女差异的认识后，即使孩子注视着家长身体的某一部分也不必太过担心。另外，当孩子裸着身体在摆弄生殖器时，家长也不要觉得有什么特别的意义。只需要告诉孩子：“这个地方很脆弱，不要用脏手去碰”就好了。如果用带有性行为的字眼去训斥孩子的话，可能会给孩子带来心理伤害。

b. 生活习惯

1. 睡眠

午睡

- 有的孩子会自觉午睡，但还是会在睡着前躺在床上玩一会儿。

- 大多数孩子的午睡时间为一个多小时，从午睡中醒来时，往往心情较低落，有时还会哭泣。孩子白天的活动经常会影响到午觉，有时候午觉会从傍晚开始，醒来的时候已经是晚上十点了。

也有的孩子午觉的时间太长，往往会在傍晚才醒来。因此父母需要对午觉时间进行一定程度的控制。

当然也有不睡午觉的孩子。

晚上的睡眠

- 孩子睡觉时会把玩具或绘本带进被窝，并在床上读书、唱歌、自言自语。

- 入睡前的顺序十分重要，一旦发现玩具不够，孩子会跑下床找玩具。

- 睡觉时间的长短因人而异，大多数孩子会睡十二个小时。

半夜

- 有时会起床尿尿，有时会起床喝水，有时会没有缘故地哭泣。

早上

- 大多数孩子的起床时间为早上八点半到九点，当然这也因家庭而异。

- 即使早早醒了，也会一个人躺在床上玩，直到大家都起床。

2. 吃饭

- 食欲不稳定，会根据每餐食物需要加餐，喜欢吃点心类。

如果给孩子吃太多点心，会导致孩子的食欲进一步减退，正餐的量和点心的量之间呈现一种你增我减的关系。因此，必须要权衡正餐时间与点心量之间的关系，保持二者的平衡。关于这方面，日本没有太清晰的比例约定。

- 孩子会想要尝试和大人一样的饮食搭配，但事实是很多孩子讨厌吃蔬菜，或者是讨厌吃鱼或者肉，最后餐盘里总是剩下不喜欢的食物。

- 孩子会吃腻或者厌烦自己曾喜欢的食物或烹饪方式。孩子喜欢的食物就让孩子自己吃，孩子不喜欢的食物家长应该引导孩子吃。当孩子因讨厌某种食物而把脸扭向一旁时，家长应该进行鼓励，让孩子慢慢改掉挑食的毛病。

这个年龄段的孩子，挑食程度会受到家长劝食态度的影响。如果家长吃得津津有味并鼓励孩子尝试一口的话，孩子说不定哪一天就会爱上这种食物。如果家庭成员中有人表现出挑食的倾向，或者完全顺着孩子的话，孩子的挑食状况将会越来越严重。因此，这个时期是改变孩子挑食的重要时期。

- 孩子一个人吃饭时，会从头至尾默默把东西吃掉，而旁边有家人的话，孩子会向家人建议："尝尝这个。"

有的孩子还会对餐具的摆放方式和座椅位置提出要求，家长可能会觉得麻烦，但这其实是孩子自我想法的表达。

3. 大小便

大便

- 平均一天会排便一到两次，有的孩子可能会便秘，有的便秘甚至会持续两天。

- 排便越来越顺畅。

- 当孩子被告知需要忍耐一下时，能够憋一段时间。

- 喜欢独自上厕所。

小便

- 大多数孩子会自己脱裤子小便，也有孩子会在小便前跑来告诉妈妈。但是会不习惯在自己家以外不熟悉的地方小便。比如，在车站或商场的厕所，孩子想小便的时候会告诉妈妈“要尿尿”，但是无论如何也尿不出来。特别是一开始排尿时会比较困难，有时候即使做好了准备动作也尿不出来。这时如果着急，排尿会更困难。另外，孩子到了这个年龄几乎不会尿裤子了。

- 大多数孩子会在尿裤子后要求换掉裤子。但是，还是会有孩子若无其事地穿着尿湿的裤子，此时家长就应该注意孩子是否缺少身体接触，或者是否感到压抑。

- 会对男女排尿姿势的不同产生兴趣，在别人排尿时站在一旁观察。

4. 穿衣脱衣

- 会把衣服放在固定的位置。晚上会放在枕边，白天则会放进固定的衣物筐。开始自己穿衣服。

- 自己按照裤子、衬衫、外衣、袜子的顺序进行穿着。

父母需要把放置衣物的东西或者篓子提前准备好。当孩子穿衣服较慢时，家长应该抑制住怕孩子着凉而上前帮忙的冲动，让孩子自己动手其实是在帮助孩子自立。给这个年龄段的孩子太多帮忙会造成孩子过分依赖大人，这样一来，即使日后大人让孩子做什么，孩子也无法独自去做了。这样的孩子在老人和家庭成员较多的大家庭中较为多见。

- 这个年龄段的孩子会觉得把衣服脱下来这个过程很有趣，于是什么样子的衣服都能够被他们轻松地脱下。

- 虽然孩子想要自己动手换衣服，但身边一旦有大人，孩子还是会想寻求大人的帮忙。

在孩子撒娇时帮他一把本无可厚非，但因为这是培养孩子自己动手能力的宝贵机会，所以，最好还是用“你不是靠你自己就能做好吗”这样的字眼，肯定孩子的能力。

5. 卫生习惯

- 越来越享受沐浴时光。还是会在洗澡时玩玩具，但已经开始有喜欢自己洗澡的倾向，当然，动作还是有些笨拙。

- 洗手时会两手交叉来洗，但常常忽略洗指甲缝。所以，漏洗的部分还比较多。

- 边洗手边调皮，对水龙头以及其他部件感兴趣并伸手摆弄。经常会玩得水花四溅，弄湿袖口和衣服。

C. 运动与感觉

1. 运动

- 一会儿慢悠悠地散步，一会儿急匆匆地跑步，二者交替进行。

- 能够踮着脚走路。

- 想要尝试单腿站立，但会晃晃悠悠。

- 能双脚蹦蹦跳跳。

- 会随着音乐跑跑跳跳，晃动身体。

2. 感觉与手的运动

- 喜欢玩积木，特别喜欢把积木拼成火车或电车的样子。孩子会把积木横着摆成一排，连起来当小火车，有时候还会给小火车安上“烟囱”。

- 喜欢用积木搭建建筑，在用积木做“宝塔”时，会挑大概八块积木并把它们重叠。另外，喜欢使用彩色的积木或大块的积木。

- 在使用彩色的积木时会注意颜色搭配。

这样看来积木其实是最受孩子喜爱并具有传承性的一种玩具，其中大小块皆有的积木最佳。

- 会用蜡笔作画，会学着大人画直线或十字。

- 画画的时候会设一个小目标，比如在画画之前会说：“我要画汽车”“我要画爸爸”。另外还会把空白处填涂上颜色，但是经常会涂出纸张外。

- 喜欢有动物和交通工具插图的书本，会对书上的画做抓取的动作。

- 会用黏土做“点心”，也会吹肥皂泡泡。

d. 语言

- 词汇量迅速扩大。语言的表达更加流畅，语句的长度增加，并会在玩耍的时候不停地自言自语。

在交谈中经常重复语句。

可以看出这个年龄段的孩子正在不停地练习说话。

- 喜欢的绘本或故事会缠着让妈妈讲，听多少遍都不会腻。

即使是同样的故事也无所谓。大人可能会因为又要讲同样的故事而感到无聊，但是孩子却觉得重复多少遍都没关系。讲故事对这个年龄段的孩子来说非常重要，孩子其实正在心中记下故事中的表达。但是也有不喜欢绘本的孩子。

- 会介绍自己的姓名，并把自己的名字与自己对应起来。

- 能够按性别对人进行区分，知道大人分为“男人”“女人”，小孩分为“男孩”“女孩”。

- 开始表达数字，如果大人说“两个”，孩子也会跟着学。

- 会说“一个”“两个”“很多个”。

但是，这种表达只停留在言语层面，孩子此时并不能将数字的表达与数字本身联系起来。也就是说只知道数字的发音。

- 有关时间的词汇量大增。

父母说“做完就可以玩儿了”“到时间了”时能够理解所说句子的意思。会使用“今天”“早上”“中午”等表示现在时间的词汇，也会使用“什么时候”“明天”“之后”等表示未来时间的词汇，甚至会使用“昨晚”来表达过去时间。

- 稍微知道一些表示星期几的词汇，但是并不能够准确使用它们。

- 会使用“这个下面”“这个旁边”等词汇来表达位置。别人问“妈妈在哪儿”时，会回答“在家”，问“爸爸在哪儿”时，会回答“公司”。

- 会使用“早上好”“再见”“谢谢”等打招呼的语句。

在这个时期，孩子会根据父母说“谢谢”较多的场合来判断什么时候要说“谢谢”。而问题是与欧美相比，在日本的家庭和社会中大人们比较少说“谢谢”。

还要注意的一点是，这个时期还有一些孩子会继续使用婴儿用语，有的孩子还会出现口吃的情况。然而，父母对于孩子使用婴儿用语一事并不用过分担心，口吃也只是暂时性的情况。大人不要太焦虑或着急为孩子矫正，只需要正常地陪孩子度过这一成长过程即可。大人也要注意用正常的语气跟孩子说话。

另外，已经学会正常说话的孩子偶尔会再一次蹦出一些婴儿用语。这样的情况多发生在家里有弟弟妹妹出生或者孩子的手被弟弟妹妹抓住的时候。遇到这样的情况应该多给孩子一些身体接触。

以上便是有关两岁到三岁半的孩子行为特征的全部内容。不知各位父母看完有怎样的感受呢？前文我们呈现了“自发性”得到充分发展，“热情”“干劲”十足的“好孩子”的一些特征，不知道各位父母是否改变了曾有的对“好孩子”的印象呢？而自己的孩子正值该时期的父母是否又稍微松了口气呢？原来自己的孩子并不是“坏孩子”，而是不折不扣的“好孩子”呀！

另外，孩子已经上学的父母们可能曾经以为孩子是“坏孩子”而对孩子打骂过，现在是否对孩子感到抱歉呢？还有的父母可能因孩子的“干劲”已被消磨殆尽而感到懊悔。针对这一点我想说，孩子的“干劲”是与生俱来的一种品质，所以肯定会有对其进行恢复的方法，这会在本书的后面进行详细介绍。

两岁多的孩子往往令家长焦头烂额，而孩子一旦长到三岁，又变得大不相同。我将在拙著《婴幼儿的成长》中对这些变化进行介绍。

三岁至三岁半的孩子

a. 情绪与社会性

1. 开始静得下来

- 孩子在前一个年龄段时的暴躁、易怒、脾气大，在这个年龄段会渐渐好转，动不动就大哭、发火的毛病也逐渐改善。

当然，孩子在自己的计划被人干扰或者自己的东西被人乱碰时还是会生气。但是真正耍性子的情况会减少。当孩子任性时，只要父母加以劝说，孩子还是会理解接受。不过要注意，应该以孩子能懂的话来进行劝说。

- 服从命令。当听到“把玩具收好”的指令时，会乖乖照做。

- 家长会突然感觉孩子变得容易管教，并真实地感受到孩子正在成长。

- 会主动地取悦他人。

傍晚关防雨门的时候，孩子会飞跑过来帮忙。或者，母亲正在忙一些杂七杂八的琐事时，孩子也会过来帮忙。此时只需要向孩子表达感谢和自己的欣慰，这就是对孩子最大的鼓励。由于孩子并没有熟练地掌握相应的劳动技巧，有时往往帮了倒忙，此时不要责备孩子，而是给予孩子鼓励，待他慢慢做到更好。

2. 逐渐养成一些日常生活习惯

- 这个年龄段的孩子变得更听话，同时一些生活习惯也得以养成。孩子也开始能够遵守约定。例如，跟孩子约定好和朋友玩耍之后要收拾好玩具；在得到别人帮助后要说“谢谢”，等等，孩子都会努力地遵守这些约定。

然而家长为了让孩子遵守约定，难免会多说孩子几句，孩子则会因此对守约本身产生厌恶情绪。家长必须注意：对孩子的指导应当心平气和、循序渐进。

孩子在这个年龄段对夸奖和批评相当敏感，因此，家长必须要分清什么时候该对孩子批评、什么时候该夸奖。

3. 吮手指的频率减少

- 只在睡觉的时候吮手指，并且，只要等孩子完全睡着后将手指拿出来，孩子便会一直保持这个姿势。大多数时候，孩子会保持这种姿势直到天亮，不过，当孩子半夜醒过来时，还是会再次把手指放回口中。

4. 还是会有担心的地方

- 例如，用积木搭好房子或车库时，孩子会拍着手炫耀并寻求夸奖："看我厉害吧。"然而对自己的"丰功伟绩"转头就忘。

对此，父母们难免会觉得孩子是不是记忆力不好，是不是注意力不够集中，其实并不需要为此担心，这不过是这个年龄段孩子的特点。

- 就算告诉孩子“你自己做不行”，孩子还是会想独自尝试。这样的孩子难免会让人觉得固执，但事实上这是孩子的自主性正在顺利成长。当然，有时候孩子还是会拿自己能做的事情向家长求助。面对孩子“帮我做……”的请求，家长就算拒绝“自己去做”。孩子还是会表现得不情不愿。这种表现在母亲面前尤为明显，因为孩子与母亲建立起了一定的情感联系。

5. 与爸爸相比，更黏妈妈

- 大多数孩子被问“喜欢爸爸还是喜欢妈妈”时，还是会面露难色，但内心其实还是更喜欢妈妈。

- 经常给妈妈帮忙。

- 经常问妈妈：“我还是小宝宝的时候是怎样的？”对于自己那一时期的故事很感兴趣。

- 买东西时，喜欢当妈妈的小尾巴。

妈妈会为此感到极大的开心，并更加能体会到孩子的可爱之处。

- 晚上想要钻进爸爸妈妈的被窝。这时就陪着孩子睡吧。

6. 能够积极地与兄弟姐妹拉近关系

- 能够与哥哥姐姐亲密地玩耍，虽然持续的时间可能并不长。特别是得到哥哥姐姐关爱时，会感到开心，听哥哥姐姐的话。

玩过家家时，总是扮演婴儿的角色，然而经常会被哥哥姐姐捉弄，把哥哥姐姐的东西弄坏，甚至因此被哥哥姐姐弄哭。

此时父母最好的处理方式是在一旁静静看着，或者把双方都抱到自己腿上。尽管孩子们还是会有争吵，但关系亲密的情况也在逐渐增多。如果家长只负责裁判孩子谁对谁错的话，反而会让孩子们的关系恶化。

- 对婴儿感兴趣，希望家里有一个小宝宝。
- 如果家里有婴儿，孩子会对其表现出极大的兴趣，会盯着小宝宝看，有时也会伸手摸摸。会一个劲儿地炫耀：“我家有小宝宝。”然而并不会照顾小宝宝。

当告诉孩子“你是哥哥”时，孩子会露出骄傲的神色，但有时也会表现出些许的困惑。不少孩子还会在妈妈照顾小宝宝时表现出强烈的嫉妒情绪。

7. 能结交自己喜欢的朋友

- 能结交自己喜欢的朋友，并开始有所往来。与朋友亲密玩耍的时间能达到三十分钟左右。
- 会把玩具借给别的孩子玩，而且不止于此。还会把自己的东西分给别人，同意轮流玩自己正在玩儿的玩具。但是并不愿意让别人穿自己的衣服。

- 遵守秩序，会按照顺序玩滑梯等游乐设施。

- 当然，有时也会和朋友吵架。有时甚至会动手，但通常只是吵嘴，或者是在吵嘴的同时也开始寻求解决方法。

由此可见，孩子在交友方面发生了急剧的变化。所以，在这个年龄阶段，鼓励孩子去交朋友是至关重要的。而让孩子上幼儿园则是达到这一目的的有效途径。孩子会遵循老师的教导照顾比自己年龄小或者是性格比较内向的其他孩子。

8. 游戏形式有所改变

- 扮演类游戏在孩子间流行。

孩子们会一起玩一些假装开电车、过家家、开店一类的游戏，有时候还喜欢扮演动物。

- 看木工和漆匠的工作看得津津有味，也喜欢看人修理自行车或汽车。回到家后会对其进行模仿。

开始对社会现象表现出兴趣。

- 喜欢车站和动物园，还喜欢看电车外面的风景，特别喜欢在乘坐公交等交通工具时坐在副驾驶的位置上。

9. 开始上幼儿园

- 爱去幼儿园，乐意与老师交谈，当老师的“小帮手”。

- 即使自己并不感兴趣，但是当老师说明理由并请求帮忙时，孩子还是会去帮忙。

此时，如果告诉孩子“要注意这个，还有这个”，孩子会认真听进去。但是很少主动地向老师寻求帮助，因此有时会有尿裤子的情况。

- 当老师说“不可以这样做”之后，大多数时候会听话不做。

想要成为好孩子的意愿逐渐增强。鉴于孩子的这一特点，也必须减少对孩子的诸多禁令。

- 当和其他孩子一起唱歌时，会在类似的节奏类游戏中感到享受。

- 能够从头到尾地唱完一首简单的歌曲，但是偶尔会跑调。

由于是孩子开始感受歌唱乐趣的年纪，大人最好还是不要过分在意孩子唱得好还是不好，同时尽量让孩子对正确的歌唱方式有一个印象。

10. 对金钱产生兴趣

- 开始有了金钱概念，喜欢手里有钱的感觉。

然而，就算给孩子的不是真钱而是假钱，孩子还是会感到开心。此时的孩子能够意识到钱是用来买东西的，并产生花钱的想法。

- 对店员或售票员的工作，以及拿钱买东西的行为感兴趣，同时对把钱放入存钱罐这一行为也会产生兴趣。

11. 开始认识到性别差异

- 当被问到自己的性别时，能够做出“我是男孩子”这样的肯定答案。

- 在挑选玩具方面会性别意识更明显：男孩会选择男孩的玩具，女孩会选择女孩的玩具。但是真正开始玩起来之后还是男孩女孩的玩具都会玩。

- 会说想要跟父母中的一方结婚之类的话，会认为跟任何性别的人都可以结婚。

- 开始询问：“宝宝是从哪里来的？”

就算给孩子解释说小宝宝是从妈妈的肚子里生出来的，孩子还是无法真正理解。

- 会想要看和抚摸母亲的乳房。就算被拒绝“你都长大了，这样不可以”。孩子还是会纠缠不休。

12. 享受日常生活中的幽默感

- 如果父亲或母亲富有幽默感并将其融入生活中，孩子则能从中感受到快乐，并时常催着大人讲笑话。

以上就是关于三岁半以前孩子的情绪和社会性变化过程的全部内容。我们可以从中了解到，不同年龄阶段的孩子有着不同的特点。我们也注意到，有的父母往往忽视这个变化过程，草率地判断一个孩子是好孩子或者坏孩子，并经常性地斥责孩子，我希望各位父母特别是母亲要对这一点引起关注。

e. 生活习惯

1. 睡眠

早上

- 大多数孩子会在六点到七点之间醒来，当然这也会随着父母职业的差异而有所不同。

- 醒来之后哭鼻子、闹脾气的情况增多。另外，有时对孩子说“起床啦”“来抱抱”后孩子还是会小声抽泣。

孩子的这种反应原因仍不清楚，但每次只要稍加安抚，这种情况便会慢慢消失。

中午

- 午睡时间减少至一到两个小时。当然，在睡眠时间这一点上孩子还是存在很大的个体差异，有的孩子不睡午觉，也有的孩子偶尔会睡很久，并且多是熟睡的状态。

- 午睡醒来慢慢睁眼，起床后不再有“起床气”。有的孩子睡醒时明显是一个做梦做到一半的状态，眼神呆滞。

晚上

- 还是会在就寝前把玩偶等喜欢的玩具带上床，但是相比以前，不再执着于睡觉前的一些细节顺序。因此，哄孩子睡着变得轻松许多。

- 有意思的是，比起母亲在旁边，其他人在旁边的时候孩子睡得更好。尽管如此，孩子偶尔还是会在半夜跑到妈妈床上去睡。

- 钻进被窝后，会自言自语半天。仔细听的话会发现孩子自言自语的内容多是白天和小伙伴玩耍时的对话或者和摆放玩具的计划有关。

- 有时会在晚上十点左右醒来。做梦的情况渐渐多了起来，有时会突然哭泣、大笑、大叫，甚至会起来在家中瞎转悠。

其实这就是孩子在梦游，一般这种情况持续一两个月就会减少，但如果孩子长期出现这种情况的话，最好还是为孩子做一个脑电波检查。

2. 吃饭

- 食欲大增。这与运动量的增加有关。

- 对母亲的强制喂食表示抵抗。

- 早饭和午饭时，食欲明显增加。

- 喜欢喝牛奶，每天喝的量也比以前多了。

- 妈妈做饭的时候，孩子会要求妈妈做自己想吃的东西。对自身喜恶的表达逐渐减少。

这一变化既与身体发育有关，也与运动量的增加有关。因此，运动量较少的孩子食欲也相对较小，对这样的孩子最好给他 / 她更多的运动时间和场所。此时，应该对孩子之前相对较严重的偏食现象进行纠正，在尊重孩子想法的同时也要告诉孩子：“就算不喜欢还是应该尝试一下。”

- 手的控制力提高，能够不泼不洒地自己吃饭了。

- 使用勺子的熟练度提高，能够用拇指食指握好勺子，或者采用整只手捏住勺子的姿势。舀取食物也更加熟练，会将勺子的侧面或前端递入口中。

- 能够单手持碗，也会将水壶中的水倒入水杯中。

- 喜欢像饭团一类用手直接吃的食物。

总而言之，这个年龄段的孩子大多能够独自进食。如果孩子到这个年龄段还没有办法自己吃饭，那么很大程度上与家长的过度保护有关。

然而，就算是能够独自乖乖吃饭的孩子，当其与家人或其他人一起吃饭时，还是经常会洒饭菜。也就是说，在热闹的环境中，孩子会更容易出现问题。另外，有的孩子还会慢慢吞吞地吃到最后，这种情况在幼儿园和托儿所更加突出。

3. 大小便

大便

- 每天一到两次，大多是在早饭后和午饭后。有时会有便秘的情况，家长不用对此太过担心。

- 大便之后会向家长寻求帮助。

小便

- 经常憋尿，即使想尿尿也会出现拖延去厕所的倾向。偶尔会有尿裤子的现象，但总体来说白天的排尿间隔时间增长，家长不用对此太过操心。

- 晚上想尿尿的时候，孩子会自己醒来并告知家长，此时只需要带孩子去厕所就好。

因此，大多数孩子到了这个年龄便不再尿床了，当然，还是会有仍在尿床的孩子。尿床之后，孩子会拜托家长给自己换内裤。到了这个年龄段以后仍喜欢尿床的孩子大多是有夜尿症，不过在停止尿床的具体时间上还是存在很大的个体差异。一周或一个月一两次尿床的频率其实并不用担心。

- 孩子会对男女排尿姿势的差异感到不可思议并提出疑问，有的女孩会尝试站着尿尿。

4. 穿衣脱衣

- 脱衣服更加熟练迅速，因此，脱衣服一事只管交给孩子自己解决。能独自穿衣服，但是偶尔会有扣错扣子的情况。
- 也能独自穿袜子和内裤，但是经常会弄错衣服和袜子的正反面。

就算能够独自穿衣脱衣，偶尔还是会嫌麻烦让家长帮忙。此时有的家长会纠结要不要帮忙，其实在宠孩子的同时还是应该尽量让孩子自己动手解决。

### ☆孩子没有问题才是问题

孩子到三岁时就会表现出跟两岁时很大的不同，变得沉静许多，这也极大减轻了父母的负担。这也就是格赛尔所说的“向右的状态”，因此，也应当做好孩子再次“向左”的心理准备。也有研究者指出，如果孩子不偏不倚毫无问题，呈现出一个“笔直”的成长状态的话，那么这通常意味着问题的产生。

有的父母在了解到孩子成长过程中一定会遇到各种问题就能够放宽心，有的父母则为曾经因不知此事而对孩子进行打骂的行为感到愧疚。

只要充分了解孩子各成长阶段的特点，就能够做到不吼不骂孩子照样解决问题。在这一点上，我希望各位父母能够站在教育孩子的立场上，对孩子的成长特点进行充分的学习与了解。

如果不这样做，就容易把孩子当成“坏孩子”来训斥，给孩子的内心留下阴影，影响孩子健康人格的形成，最后促成“问题儿童”的产生。

以上是有关两岁到三岁半孩子成长特点的全部内容，有关其他年龄段孩子的成长特点，在格赛尔的著作中有同样详细的介绍。

第 三 章 ▶▷

# 如何实行『不斥责教育』

好孩子？坏孩子的标准

幽默感是孩子一生的财富

妈妈的平心静气至关重要

# 好孩子与坏孩子的标准

## ☆真正的“乖孩子”

我在四十五年间一直设身处地地进行育儿方面的研究，并得出了以下结论：有“热情”和“体谅心”的孩子往往能成长为出色的青年。

所谓“设身处地”，就是指与孩子一同玩耍，一同生活。在与孩子一同玩耍和生活的过程中，孩子们也教会我很多东西。而这些东西有很多是已有的研究无法教给我的，这对于一个研究者来说是莫大的喜悦。这也算是实现了大家一直所说的“向孩子学习”。

步入老年之后与孩子玩耍的机会也大大减少。其中很大一个原因是我无法像孩子一样奔跑了，对此我感到十分遗憾。孩子可以说是一种一直在跑的生物，因此，要孩子玩耍必须得跑起来。

所幸我有八个爱孙一直围绕在我的身旁。更巧的是这几个孩子大至初中三年级，小到小学二年级，年龄都是挨着的，这也为我观察各个年龄段的孩子提供了便利。由于我从不骂孩子，孩子们也都在我面前表现出他们最自然的状态。我称这样的孩子为“质朴的孩子”，这是因为他们不对自己的内心说谎。

然而，在生活中人们更多地将听爸爸妈妈话的孩子当成“质朴的孩子”，不少家长自己也有这样的想法。这样的孩子很多其实是在对自己的内心说谎。

**经常被训斥的孩子更倾向于说谎，这样的孩子到了青春期后，他们的父母会面临很多烦恼，引发很多问题。**由于真正的自我与由谎言构成的自我中间存在巨大的裂缝，这些孩子常常会为此感到痛苦。考虑到这一点，我就想到我的爱孙们，他们在我面前的一举一动都十分真诚，虽然有时候会给我惹些麻烦，但我还是感到欣慰。

但是当我感到困扰时，我虽然不会斥责他们，但我还是会如实地告诉他们我的感受。由于我与爱孙们建立起了情感上的联系，他们便能考虑到我的感受，想到尽量不要让爷爷感到困扰。这其实是孩子们的“体谅心”得到成长的一个表现，也体现出孩子们逐渐认识到不应该让别人感到困扰。有关这一点，将在后文详细介绍。

### ☆对三岁以下孩子的管教有时会起到反作用

在序章中我曾提到，“热情”即是“干劲”，在这里我想用我爱孙的例子进行更加详细的介绍。

我孙子的父母（也就是我的长子夫妇）是双职工。孩子生下来之后，两个人完全没有想要麻烦我带孩子的意思，他们想要把孩子送到托儿所。知道此事后，我表示了反对。

我从昭和二十二年（1947 年）开始就在东京都的托儿所帮忙并开展研究。我对三岁以下孩子的托儿所保育并不满意。

第一个理由是其很少给孩子“调皮”的机会，而这对于培养孩子的“干劲”又是至关重要的。家里可以玩的东西很多，但是在托儿所成长的孩子很少将家居用品作为调皮捣蛋的对象。在家成长的孩子会在摆弄身边家居用品的同时培养自己的“干劲”，这其实也是孩子在增强对家居用品的实际体验，也就是说，这是孩子在进行“学习”。在这样的学习过程当中产生对家居用品实际作用的理解。

第二个理由是托儿所的垃圾桶和纸巾都被放在孩子够不着的位置。这是因为工作人员收拾被孩子弄翻的垃圾桶非常费时费力，另外孩子乱抽纸巾也被认为是一种浪费行为。

第三个理由是托儿所里往往会有一群信奉规矩主义的保育员，他们老是想给孩子“超前”的教育。比如，他们对于一岁孩子的教育目标是“不泼不洒地吃饭”，为此会在吃饭前给孩子系上围嘴，教孩子吃饭时把碗放在餐桌上、双肘贴在桌面上的规矩。如果让这样的保育员来负责孩子的教育，则会让孩子的行为千篇一律，不利于孩子“干劲”的培养。孩子一旦洒了饭菜便难免遭到斥责。这便会渐渐阻碍孩子“干劲”的发展。

幼儿从吃饭时经常泼泼洒洒、弄翻饭碗到驾轻就熟是需要一个过程的。**特别是失败的经验对于孩子的成长是有着重要意义的。孩子会产生克服失败的决心，并由此提高自己的技能。**

很多父母会觉得孩子遭遇失败后为其“收拾残局”十分麻烦，因此总是想伸出援手，但这容易对孩子形成过度保护，令孩子丧失“干劲”，变得更加依赖父母。**孩子遭遇失败后，最好不要训斥孩子，只需教孩子一些处理残局的方法。**但令人遗憾的是不少父母会觉得教孩子太费时费力，孩子收拾不好反而更加生气，通常选择自己处理残局。

### ☆“不责骂”式教育的实践

总而言之，在人生初期受到保育员规规矩矩的教育并不利于“干劲”的培养。因此，我曾强烈反对让爱孙进入托儿所。

于是我的妻子便“主动请缨”，接管孩子白天的照管任务。本来在儿女分家独立时，妻子就曾说过无论儿女生几个孩子都愿意帮忙照看，但没想到有一天真的能实现。

妻子深受仓桥惣三先生（儿童心理学家）学说的影响，与我共同奉行“不责骂”式教育，有着成为保育员的资质。本来我们老两口是想着老了之后共享两人世界的乐趣，但是爱孙交给我们照管后，我们只能暂时搁置这个想法了。不过由于我俩都很喜欢孩子，所以在照看孙辈的过程中也能感受到莫大的快乐。

刚下定决心接手时，我俩就曾讨论要尽量地允许孩子“淘气”。儿童心理学将“淘气”定义为“基于探索欲望的行动”，所谓“探索欲望”放在大人身上就是指“研究欲望”和“探险欲望”，前文也曾提到，要让孩子成为拥有强烈研究欲望的大人，就应该充分肯定孩子的“淘气”行为。

另外，**由于探索欲望是孩子与生俱来的一种特质**，在孩子还不能到处淘气，只是一个躺在床上的婴儿时，**就已经会出现盯着自己的手看、盯着转动的八音盒看、盯着天花板上的影子看等自娱自乐的行为**，此时最好不要打扰孩子。

爷爷奶奶外公外婆会因为过于喜欢孩子，而在孩子自己玩耍的时候将其抱起或逗孩子玩儿，这种情况也是要多多留意的。

孩子会爬的时候，“淘气”行为也随之开始了，此时我们老两口的房间便摇身一变成为“托儿所”。为了给孩子创造一个尽情淘气的空间，我们将重要的挂轴和摆件都收拾好，危险物品也都藏进了柜子里。

结果就是，受灾最严重的正如前文所说，是被弄破的隔窗和被画上红色“×”的隔门。由于这些都是基于孩子天性的行为，我们便没有对孩子进行任何责骂。但是我们还是向孩子传达了“爷爷为此感到困扰”的情感信号。

## 幽默感是孩子一生的财富

### ☆和孩子一起开开玩笑吧

第二点要注意的就是“玩笑”。由于我本身是一个爱开玩笑的人，所以在和孙辈玩耍的过程中也会开许多玩笑。另一个原因是他们也很喜欢我的玩笑。他们喜欢正儿八经的游戏，但同时对我的玩笑也表示欢迎。因此，我也不自觉地更多地开起玩笑。

之前我提到过，我曾从 1948 年起给一些幼儿园托儿所之类的地方做帮手，那时我便发现**孩子一到四岁左右开始变得很爱开玩笑**。

特别是在午饭时间，孩子会喜欢说“大臭屁”“屁屁”“肚脐眼儿”之类的字眼，说完便乐。孩子一乐我也跟着乐，每当我参与到孩子的笑话当中，孩子便会十分开心，我也因此在孩子当中变得很受欢迎。

这个时候保育员便会用责备的语气说：“宝宝应不应该说这种话呀？”我心中暗想：你自己小时候明明也这么说过。然而有关孩子的这一特点并没有现有的相关研究。

我的孙子到了三岁零八个月的时候，在饭桌上会开始说“屁屁”一类的字眼，说完自己便开始笑。我心里想：终于开始了。有一天他从幼儿园回来，见到我便开始大声唱：“小屁屁，大屁屁。”我也开心地与孙子合唱，他为此兴高采烈，每天都要唱上好几遍。

**然而，一个半月之后孩子便不再唱这个了，我也停止了与他的合唱。这也就是所谓的“毕业”了。**

之后在他上小学的两个月前，也就是二月份的时候。有一次他来到我的房间，我突然想确认一下他是否还记得这首歌，于是我便大声唱起来“小屁屁，大屁屁”，他看了我一眼，露出一副“爷爷真无聊”的表情，完全没有配合我。

这也就是说，孩子在这件事情上完全“毕业”了。

我深感对孩子成长过程中这种“毕业”现象研究的必要性，于是我开始致力于对孩子“玩笑”的研究，并于1989年与我的助手山田真理子共同出版了一本叫作《孩子的幽默》（创元社）的书。这是日本在这一领域的首次研究。

### ☆幽默通向爱

在研究的过程中我得知，欧美国家十分注重培养孩子的幽默感，并将其作为领导力的一种予以充分的重视。另外，一些有心的欧美家长会告诉适龄的孩子选择有幽默感的朋友。上智大学的德根神父曾说过：“幽默通向爱。”

我曾在德国和奥地利等地生活过，那里的日常生活中充满了玩笑。特别是在派对上人们会开很多的玩笑，那里的人们甚至认为如果这场派对上没有足够的笑料的话，那么这场派对无疑是失败的。从这点也可以看出这里的人们非常看重人际交往过程中的“欢笑”。

然而在日本不仅不重视生活中的“欢笑”，甚至有故意压抑“欢笑”的倾向。我注意到这种倾向在五十岁以上男性的身上表现尤甚。这一点在我参演NHK的《老年俱乐部》时感受得尤为强烈。在这个节目里，我的面前坐了一群七十岁左右的老人，而我要给他们进行一场二十分钟的演讲。

在此之前，制作人提前叮嘱我说：“要尽量讲一些有意思的话题，如果太无聊的话有的老人可能会一不小心睡着，这要是在电视上播出的话太不成样子了。”

于是我便讲了一些有关孩子的有趣的事情。在场有八成的老太太听了我的演讲都露出了笑颜，而将近四分之三的老头都是双手抱在胸前，不苟言笑地听完了我的演讲。然而录制结束后的交谈中，有一个老头告诉我说：“今天的演讲太有趣啦。”周围的人也都点头表示赞同。

既然如此，为什么当时不笑出来呢？

这一现象的根源可追溯到武士时代。有一句俗语：“武士之笑，三年一回。”到了明治维新之后，军人们又继承了这一传统。仔细一想，几乎没有看见过军人在拍照时露出笑脸。这是因为笑往往与“有损威严”联系在一起。其也与“嘴巴应当成‘一’字形”的规定有关。或者说这是为了表现出认真的样子。还有一种说法是旧时的下层武士都会到私塾学习，这也一并影响了教育风气，私塾老师的特点通常都是不苟言笑。

我曾经在一个教导主任进修会上讲课，这些教导主任有九成都是男性。而我讲课的主题还是孩子的有趣之处，在讲课过程中我还运用了丰富翔实的实例。然而全场没有一个人笑，可能还会觉得我讲课太不严肃正经。总之那一次我感到十分疲惫。

由此我觉察到教育界的一大问题，那就是老师必须得严肃正经。

### ☆爱开玩笑的孩子往往活力满满

一个人如果表现得很正经，那么其在我国通常会得到很高的赞许。然而在欧美国家，这个人往往会被看作是一个无趣的人。这是因为他们会觉得这样的人缺乏幽默感，不会开玩笑。

如果用德根神父的话进行逆推的话，这样的人可能是缺乏“爱”的。高兴了就笑本来是人类的一种本性，而一个人如果刻意地隐藏自己的这一本性，其往往会有故意为之以获得社会赞许的嫌疑。

所以一个孩子如果表现得过于正经，那么他/她往往是在“装样子”。

我的孙子在小学一年级的时候被老师叫了家长，老师告诉孩子母亲说孩子太淘气了。孩子母亲问我：“这该怎么办才好。”我回答道：“这不挺好吗？你就跟老师说：孩子这是遗传他爷爷，没有办法。”这位老师虽然对教育事业很上心，但其实有一点“死认真”，虽然这种说法显得不太文雅。

碰巧我关于“玩笑”的第一份研究正好印刷出来，我便将其送给孩子的老师阅读。结果这位老师从此以后再也没有批评过我的孙子了。这位老师之所以会对孩子有“太淘气”的评价，是因为其评价标准是基于自己的“死理”。对此我也深感国内老师对与学生的评价标准应该更加与国际接轨。

**经过对“玩笑”的研究我们发现：爱开玩笑的孩子往往有更强的“自发性”，也更有“干劲”。**

# 妈妈的平心静气
# 至关重要

## ☆教育孩子时需要大智若愚

在研究中我们发现，孩子爱开玩笑通常是因为有一对爱开玩笑的父母，或者是因为家中有兄长，所以自己的玩笑往往会得到宽容。

在生活中，必须坚决消灭“正儿八经”。我曾经在给学校女生讲课时说过：在结婚前交往的阶段，如果发现交往对象太过正经，那么无论他的学历多高，在多厉害的企业工作，颜值有多高，都应该毅然决然地对他 say bye。

我曾见过这样案例：孩子的母亲是非常开朗的人，本来母子两人正在有说有笑地吃饭，当父亲一回家，家里就突然变得鸦雀无声。受此影响，孩子时不时会有一些异常的举动。

可见，**充满欢声笑语的家庭氛围对于孩子情感的稳定十分重要**。在这样的家庭氛围当中，亲子关系也会变得更加紧密。这在孩子的作文中也能有所体现。

### ☆“我的妈妈是个笨妈妈”

我曾经在NHK第一广播电台接受过一次电话采访，采访我的是主持人相川浩，这篇曾刊登在杂志《亲与子》上的文章就是他写的。文章的内容来自他在出席教育委员会主办的小学生作文大赛（比赛题目是《我的妈妈》）的亲身经历。

“（前文略）一名五年级的女生要上台前，坐在她旁边的妈妈显得不知所措，双手捂住脸，身子缩在椅子上，一边说：‘讨厌！讨厌！太丢人了！’

这个女孩身穿高背红色开襟毛衣，她一边甩着马尾辫一边笑盈盈地走上台。

在麦克风前刚站定，便双手摊开自己的作文，用明亮跳跃的语调读了起来：

‘我的妈妈是个笨妈妈。（台下大笑）

我的妈妈是笨蛋。’（再次大笑）

妈妈在锅里煮上蔬菜后便走到院子里收衣服，结果煮的东西被风吹洒了。爸爸见状，说：‘喂！笨蛋。锅里东西洒了！’于是妈妈慌慌张张地放下手里的晾衣竿冲向厨房，结果晾的衣服又全沾上了泥。（台下大笑）爸爸说：‘真笨。’妈妈说：‘不好意思，孩子她爸，原谅我呗。’

但是，训妈妈的爸爸其实也是个笨蛋爸爸。（台下哄堂大笑）

有一天，爸爸匆匆忙忙地起床，他一边穿衣服一边说：‘我不吃饭了。’当他抱着包走到门口时，妈妈喊道：‘笨死了，

孩儿她爸，今天是星期天呀。又睡迷糊了吧！'（台下大笑）

都怪爸爸妈妈这么笨，所以我也不是很聪明。（台下大笑）我的弟弟也是个笨蛋。（笑）我们是笨蛋一家。（台下大笑）

但是……（场内安静下来）等我长大了，我想变成我妈妈一样的女人，我想和笨蛋爸爸一样的人结婚，然后生两个像我和弟弟一样笨笨的孩子，一家人每天哈哈大笑，开开心心。我爱你，我的笨蛋妈妈！！（场下有人流泪）（后文略）”

当我读完这篇作文时也不禁眼泛泪花。**一直以来大家都认为为母之人应该成为“贤母”，然而我逐渐开始觉得“愚母”的闪光点也应当被人们看到。**这样的母亲多富有幽默感，对于自己的失败往往能够一笑了之。如果世界上这样的父母越多，那么情感稳定的孩子也会越多。

我现在正在开始对这种“愚”展开研究。说到“愚”，日本的一个代表人物当数良宽和尚。他年老之后仍然喜欢和孩子打成一片，深受孩童的喜爱。他曾与小孩一同玩瞎子摸鱼的游戏，不知不觉天色已晚，孩子们都回家了，他却浑然不知，安安静静地躲在仓库里。这是多么纯真的一个人啊。

### ☆重返童真

世界上第一座幼儿园（Kindergarten）的创始人是福禄培尔。“Kingder”在德语中是“孩子”的意思，“Garten”则是指“园”，这说明福禄培尔脑中的构想应该是一个花园的形象。然而，明治初年的人却将其译为“幼稚园”，我其实觉得这是非常不准确的。为什么要翻成“幼稚”呢？

福禄培尔老了还是喜欢和孩子一起玩耍，因此当地人称其为“傻老头儿”。我认为当地人之所以会给福禄培尔起这样的外号，是因为他们的心已经被污染了。

**孩童之心，也就是“童心”，其实是指一颗纯真的心，这在有些大人看来可能会显得傻乎乎的，**但其实恰恰是这样的大人已经丧失了纯真之心。我至今仍在思考应该通过怎样的终身教育来帮助人们留住这颗“纯真之心”，即“童心”。

因此，我对所谓的“翁童论”颇有兴趣。这是宗教学者镰田东二提出来的一个概念。他的宗教学说比较复杂，我还无法弄懂。但是，单纯站在“老人的心中住着一个孩子”的观点上我还是有话可说的。所谓“老人心中住着一个孩子”，就是说即使年华老去还是不失一颗纯真之心。

“翁童论”不仅与幽默感有所联系，更是对精英式教育中要求孩子必须头脑聪明的观点的有力反击。之所以这么说，是因为在幼教产业中，大部分还是致力于培养“头脑聪明的孩子”，而对“笨孩子”的优点予以否定。

### ☆数一数孩子的优点

对孩子的“愚笨”予以肯定，其实能够提高孩子的“干劲”。这也就是说对“愚笨”的肯定无论对于怎样的孩子都是大有裨益的。

有一位我非常尊敬的小学老师，相比学习成绩，他更看重孩子是否认真在做班级值日，打扫得是否干净，削铅笔削得如何等细节，他认为每个孩子都有其独特的“优点”，并对孩子的“优点”进行充分的表扬。

孩子被老师表扬后多多少少都是会感到高兴的。因此，孩子们都非常喜欢这位老师。而这位老师正是因为有了孩子们的“群众基础”，才能更好地展开真正的教育工作，孩子们的“干劲”在这个过程中也能得到唤醒。

这位老师还积极地让一些残障儿童加入班级，他是想通过残障儿童的加入让班上其他的孩子获得成长。

那么到底是哪些方面的成长呢？第一点便是学会“体贴”，老师对残障儿童体贴的心会一并传达到其他孩子身上；另一点则是老师发现孩子的优点并予以认可的心也会被孩子们感知到，孩子们便会通过老师对自身的优点进行确认。**在对孩子的教育中最重要的一点便是发现孩子的“优点”。**

然而，还是有很多的父母和老师总是聚焦于孩子身上的“缺点”，并想方设法地进行纠正，为此老是责备训斥孩子。这样的父母和老师往往无法得到孩子的尊敬，渐渐地，孩子也会对其产生厌恶的情绪。有的孩子甚至还会因此变得自卑，丧失干劲。这种因父母和老师的原因而丧失干劲的孩子其实并不在少数。

现在我们回到“玩笑”的话题，爱开玩笑其实也是孩子的一个优点。有不少父母觉得孩子爱开玩笑是一件坏事，其实恰恰是父母缺乏感知“玩笑”这一优点的“感性”。

我在研究中一直承认“玩笑”的好处，发扬它，并由此培养出富有幽默感的人。这是因为幽默能通向“爱”，它是生而为人十分宝贵的一种品质。

为此，大人们应该想着与孩子一同享受“玩笑”，孩子们会由此觉得自己得到了家长和老师的接纳，**并产生通过自己的努力，让自己的玩笑能够愉悦他人的想法，这样一来，看似是“缺点”的爱开玩笑的性格也能转换为孩子的一个“优点”**。如果家长和老师能够主动接纳孩子，那么孩子的这种能力也能够得到很好的培养。

目前来看，我好像是一直在倡导一种行善说——孩子的所作所为，没有一件是真正错的。但其实我更觉得我的观点其实是在强调对孩子的重视。

我希望各位父母能够在家庭中多制造一些欢声笑语。一个关键点就是要寻找有趣的话题，当夫妻之间在就一些有趣的话题交换意见时，家庭氛围也会变得明朗轻松许多，而这正是孩子形成稳定情绪的一个基础。

# 第四章 ▶▷

# 叛逆证明有干劲

如何处理叛逆

孩子会自主成长

时刻回忆自己的孩童时代

# 如何处理叛逆

## ☆什么是“叛逆”

我的童年生活在大正时代和昭和初期，那个年代的教育总是在反复强调：孩子要乖乖地听家长的话。如果哪个孩子对家长稍有反抗，就会被贴上“不孝”的标签。不断地强调“孝敬父母”“亲情无限”，“不孝”在当时可是大罪。

我的父亲深受儒家思想的影响，所以，无论是对我们这些小孩还是对母亲都一律采用命令式的口吻说话，遇到稍微与自己相左的意见便会恼羞成怒。然而，我的母亲从来不会训斥别人，所以，我总是会在成长的过程中将父母进行对照比较。

与母亲在家时，我总能心境平和，无忧无虑地玩耍。父亲一回到家，我便不由地紧张，完全没有办法喜欢上他。甚至有时候会有“你去死吧”之类的想法。比较庆幸的是，父亲总是周六下午回家，周日一整天在家，周一便出去上班，此后的工作日都不会回家。所以，在那段时间我便能无忧无虑地玩耍了，那个时候还会有很多朋友来我家玩耍，他们当时在我家一定也感到特别无忧无虑吧。

在小学五六年级的时候我便暗下决心：长大了绝对不要成为父亲那样的爸爸。这便与之前所写的“不责骂”式教育联系起来了。当时的我虽然无法直接对父亲进行反抗，但父亲正在做的事情（比如说兴趣爱好）我从不会伸手帮忙，父亲想让我做的事情（比如大学的择校与就业去向）我也会想方设法地不予顺从。有关这一段人生经历，在拙著《童年期和老年期》中有详细记述。

“二战”后，为了学习儿童心理和儿童教育有关的知识，我开始阅读一些美国的书籍，在这个过程中我读到了格赛尔的著作，由此知道了孩子的“反抗”其实也是孩子的一种成长。

我在书中了解到，两岁到三岁这期间是人的“第一反抗期”，青春期则为“第二反抗期”。我开始明白从小学高年级到中学期间，对于父亲的反抗心理其实是我自身成长的一种体现。

多亏如此，在我的三个孩子长到两三岁，开始出现一些“反抗现象”时我才能泰然处之。我的孩子的“反抗”之所以没有很强烈，正是因为我很少用命令式的口吻与他们说话，这也是我“不斥责”式教育的开端。

### ☆重视自我的萌芽

孩子“第一反抗期”的特征是但凡遇到一点命令式的口气，便会回应道“不要”，同样，在孩子打算自己做一件事时，如果家长伸出援手，孩子会拒绝。性子急的妈妈便会忍不住开始发怒，并说一些经常对小孩子说的话，比如“给我乖乖听妈妈的话！”

我的第八个孙子特别喜欢光屁股，一到我家立马要脱得一丝不挂。由于我之前当过儿科医生，所以对孙子光屁股十分赞同，就算是寒冷的季节也爱乐呵呵地看着他就这样东跑西跑。但是一旦被孩子的奶奶看见，便会搬出寒气上身一定会感冒的迷信理论，或者说最近流感十分严重，无论如何都要让孩子穿上衣服。此时孙子便会反抗，说："奶奶别过来！"此时我看到孙子有一种坚持自己想法的"干劲"便会感到十分欣喜。这个时候孩子奶奶也会觉察到这一点，并对孩子说："那你自己看着办吧。"然后与我交换眼神，似乎是意识到自己处理方式的错误。

然而，那些没有反抗期相关知识的父母遇到这种情况，恐怕就会质问孩子："你说什么？"由此，**无法进行反抗的孩子就会渐渐变得沉稳老实，失去干劲**。为此给大家以提示：在日本，一些满足大多数家长还有老年人期望的老实孩子，其实往往是最危险的。

对比来看，欧美的家长大多都期望自己的孩子能够明确地表达出自己的真实感受。而在表达自己的真实感受和想法时，是可以使用“不要”这样的字眼的。正是由于能在大人面前明确表达自己的想法，到了工作的时候被上司问到“要不要一起去喝酒”时，如果家中妻儿在等待自己回家吃晚饭就能大大方方地回应“今天我去不了了”。到了无论如何都得陪上司去喝酒的时候，也会给妻子打电话提前通知。往深了一点说，往往是那种一声招呼都不打就不回家吃晚饭的男人才容易面临离婚的危机。

在国际会议中，能否明确地表明“YES”或者“NO”也被视为衡量信用的重要指针。在自己根本没有能力办到一件事时就向对方传递“交给我吧”的信号，对方就会开始抱有期待，而一旦对方发觉这不过是谎言时，就会感到被深深地背叛，并加深对方心中的不信赖感。为了增强孩子作为一个国际化人才的资质，就应当从小教会他明确地表达出自己的感受和意见。

## 孩子会自主成长

### ☆当孩子说“我自己做”时，要绝对尊重他的选择

当孩子说“我要自己做”时，这便是他自身“干劲”的一种体现，**此时就算他想做的事情在他这个年龄段似乎很难办到，但也应该重视这种“挑战精神”，在一旁静静地观察孩子如何自己处理这件事情**。“挑战精神”对于“干劲”的激发是十分重要的。姑且先让孩子自己去“挑战”，当他无论如何也做不到时便会主动过来寻求帮助，这时方可伸出援手。

前段时间，我从一位女性朋友那里听到这样的案例，她帮妹妹代管孩子时发现这个四岁的孩子无论做什么都要寻求大人的帮助，完全没有自己去挑战的意思。原来妹妹家里

住着孩子的奶奶，这位老人对孩子的照顾可谓是“无微不至”。当妹妹告诉奶奶“这件事对孩子来说很简单，还是让孩子自己去做吧”时，奶奶却不理不睬，还说：“真是个冷血媳妇儿。”于是妹妹决定今年让孩子去上幼儿园，让老师帮忙从奶奶手中接过孩子。

古语说老人带大的孩子自理能力很差。其实如果孩子的与“自发性”紧密相连的“干劲”没有得到充分培养，那么所造成的损失将无法估量。这样的说法同样适用于对孩子过度保护的母亲。

### ☆不插手、不插嘴，完全交给孩子

我在聊到有关孩子没有干劲的话题时，如果这个孩子还是小学生，那么我一定会给对方力荐“无言之行”。所谓“无言之行”，就是指面对孩子生活中的一切，都不发号施，也不插嘴不插手，这对于孩子母亲来说其实是相当难做到的，所以我使用了“行”这个字，也就是“修行”的意思。

首先就是要放弃叫孩子起床。直接给孩子一个闹钟，让他自己设置时间。这时有人便会问：要是孩子明天一早没起床怎么办，其实就是担心孩子会迟到。那么我想不如就让他迟到，迟到之后他自己也会感到害羞，说不定还会被老师批评。这样的挫折其实对于孩子是一种宝贵的经验，正是因为经历了挫折，孩子的责任感才会更强，并由此产生不再犯错的“干劲”。

不过有的母亲又要说了：“遇见这种事情，老师就会让家长好好管管孩子。”我认为这便是老师的想法不对，当这样说的老师多了，孩子母亲便会照着老师说的做，而结果就是越来越多的孩子缺乏“自主性”。这当中有的母亲是不想让老师觉得自己管教无方，这便是太好面子了，就算被老师看作是管教无方的母亲，为了孩子好还是应该采取正确的态度。

有的母亲也许会产生这样的不安：孩子要是老迟到会不会引发孩子厌学逃学的问题呢？此时就要采取应对厌学逃学儿童问题的对策了，而我个人的方针就是把一切都交给孩子自己做主。

大多数母亲可能会说：“那好吧，那我就放任孩子自己来吧。”我必须在此提前说明一下“交付”和“放任”是完全不同的两个东西。

如前文所述，如果“放任”孩子，恐怕会让孩子变为“放浪儿”。

而“交付”指的是在一旁守护孩子的前提下做到“不插嘴”“不插手”。守在一旁时难免会有想要插一句嘴或者伸手帮忙的冲动，所以，这对于各位母亲来说其实是一场艰苦的修行。

虽然每天会过得辛苦很多，但是孩子的“自发性”便会在这个过程中一点一点地得到成长，最终孩子会形成自己独特的思考并开始为之付出行动。当孩子的“自发性”开始萌芽时，孩子的“干劲”也会逐渐显现。

### ☆耐心注视孩子

开始践行“无言之行”早期，孩子会开始不想学习，不想写作业，这样的状况会持续一段时间。有的父母会因此感到焦虑，一旦为此忍不住说孩子几句时，孩子“自主性”的成长过程便会暂时中止。当然，伴随的还会有学习成绩的下降，尽管如此还是应该坚持“无言之行”。

孩子出现这些状况后，妈妈稍微插手一下就能够得到改观。但是父母还是应该试着将一些事情“交付”给孩子自己，也就是试行“无言之行”，因为孩子的“干劲”还没有得到很好地培养。一旦明白这一点，父母才能不遗余力地去贯彻“无言之行”。

养成“干劲”是十分费时的一件事。一般来说，在小学低年级的时候需要半年以上的时间，高年级则需要一年以上的时间。这是因为人格的培养是需要一步一步进行的，无法做到一步登天。此时，家长能否耐得住性子贯彻此“行”，将直接影响孩子“干劲”的发展情况。然而，事实是大多数家长还是会忍不住插嘴插手，三天打鱼两天晒网的家长也不在少数。

# 时刻回忆自己的孩童时代

## ☆家长自己的成长历程

听过我关于“无言之行”演说的妈妈当中，有四五个人经常聚到一起互相讨论自己忍不住插手孩子事情的情况，并互相勉励，就这样，几人的“修行”愈发精进。妈妈 A 能够坚持的事情妈妈 B 却没有办法坚持，由此可见不同的母亲在“修行”一事上也各有不同，经过与她们的交流后，我发现这些不同与她们自己的原生家庭有着很大的关系。

而原生家庭中最重要的影响因素就是父母的“规矩”。即父亲、母亲或者父母双方都十分讲规矩的话，那么他们培养出来的孩子便会很明显地显现出其所受的家庭规矩的影响。

我的父亲就是一个十分讲究规矩的人。由于其深受封建思想的影响，一旦不如其意便会大发雷霆。在父亲身边时，我总不确定什么时候便会挨上一顿怒骂，于是总是表现得战战兢兢。庆幸的是他一般都是周一出门工作直到周六才回家。我的母亲就从来不会对我发脾气。父亲一离开家后，母亲也会说："趁老头子不在，把衣服洗了好了。"显然也是对父亲有诸多的不满。

外公从来也不会训斥母亲，祖母也是一个贤淑稳重的人。外公经常来我家，我那时调皮得不行，外公也只是看着我笑，从没有因为我调皮捣蛋而生气。

在我小学四年级的时候，有一次外公来到我家，晚饭后他便躺在藤椅上，张着大嘴睡着了。我将口中的口香糖取出来揉成团，投进了外公的口中。外公立马惊醒，匆匆忙忙跑到卫生间把口香糖吐了出来，他在里面漱了好几次口才出来。

我本来已经准备好迎接外公的怒骂了，然而外公却若无其事地坐回椅子上，又一次以之前的姿势睡着了。这其实是对我的宽容。外公虔诚地信仰净土真宗，平时也经常诵读佛经。在外公看来这不过是孩子的小淘气，并忘得一干二净。然而，每当我自己的孙子叫我的时候，每当他们调皮的时候，彼时外公的形象都会出现在我的脑海中。这时，我便变得能够宽容孩子的淘气，甚至叫出了“就让孩子变成小淘气”的口号。

也就是说，我在接受母亲和外公宽容的同时在心里否定着自己的父亲。因此，我对父亲毫无仰慕之情。到了青春期的时候，我便下定决心今后不会做像他一样的父亲。这也可以说是我所提倡的“不斥责”式教育的原点。

在这里我想对各位父母说的是：**应当批判地看待养育自己的父母。各位的父母也不是完人，不要因为他们人格上的一些缺失就想：“等我当了家长，我也要在孩子面前逞逞威风，让孩子听我的话。”我希望各位父母能够修正这一错误想法**。因为各位的父母和你们一样，没有办法做到十全十美。

对家长的批判其实从小学低年级就开始了。处于这一“中间反抗期”的孩子，其“自发性”如果得到正常发育的话，当其被家长批评的时候，其可能会蹦出“哼，明明爸爸妈妈也这么做了”的牢骚。

到了青春期，孩子会对家长一直以来的说教，比如说道德方面的教育产生质疑，并开始进行全面的否定。这一状态被称为“第二反抗期”，通过这些反抗，孩子的自我意识得到苏醒并开始成长出自己独特的个性。

### ☆没有过反抗期的家长的问题

有的父母本身在青春期就没有经历过“第二反抗期”。出现这一情况主要有两个原因：第一是本身觉得忤逆父母是不对的，第二是因为考试等繁重的课业没有精力去进行反抗。由此，其自身的成长，特别是自发性的成长就被耽误了。

**像这样成长起来的人直接进入社会后就会任劳任怨地遵照上司的命令做事，同时也不敢将自己的想法直率地向上司表达。**这一点上司自身可能也会有一些问题，因为有的上司不喜欢年轻人对自己提意见。

我曾在公元1955年赴西德留学，期间最大的收获便是知道了那边的教授非常赏识勇于向自己提出相反意见的学生。这是因为只会遵照教授意见的学生往往很难做出什么学术贡献。教授最有成就感的其实是“青出于蓝而胜于蓝”。

因此，孩子的“反抗”是具有重要意义的，我觉得也应该把勇于反抗的孩子当作好孩子进行褒奖。

在之前曾反复提到：家长如果对孩子宽容，那么孩子的自发性也能够得到很好的成长。也就是说越宽容，越能够接纳孩子所做的一切。而无法做到宽容的家长、保育人员还有教师则需要将自己从规矩主义中解放出来。

### ☆尝试找寻一切事物积极的一面

总的来说，不管是家长、保育人员还是教师，都应该学会对孩子“大度”。所谓“大度”就是说即使孩子的所做所为并不是按照自己的预期，也能够从中看到其积极的一面。

换言之：**站在孩子的角度思考，理解孩子的心情**。学会用体谅的心来与孩子相处，只有这样才能理解孩子的行为背后所隐藏的心理活动。

这样做的结果就是，家长们会发现孩子的行为并不是自己所想的那样坏，相反是充满善意的，家长由此感受到的是孩子满满的一颗童心。这便是“感性”的一个好处。由于童心是充满纯真的，在与一颗纯真的心的接触中，家长们会恍然大悟：原来一直以来都是自己以充满恶意的眼光在看待孩子的行为。在多次得到这样的感受后，家长们也逐渐学会变得体谅。

孩子有一颗与生俱来的纯真之心。很多时候其实是家长、保育人员还有老师在不经意中让这颗纯真之心变得污浊起来。

大人们不妨回过头审视一下自己就会发现，其实大多数的成年人的心灵是不够纯洁的。

有着各种各样的欲望，会嫉妒他人，憎恨他人，甚至还会想要算计他人。除了这些，还有很多无法对孩子言说的想法正在蠢蠢欲动。

有时又爱慕虚荣，尽管平时看起来十分体面，但却时常草木皆兵，害怕遭到别人的责难。同时又精心设计着在别人心中的良好形象。这样的成年人真的能够大大方方地教导孩子要言行一致吗？

在我小时候，总是被教导“无论家长说什么，都要乖乖听从”。一旦顶嘴，便会遭到斥责：“没大没小！”

我反复告诫一些刚当妈妈的学生：孩子叫你“妈妈”，并不是因为你拥有多么完美的人格，所以，不要在孩子面前逞威风，必须学会谦虚。

逞威风的人多是手握“权力”的人，他们总是想要夸耀自己如何伟大。然而真正有“权威”的人是在不自觉的情况下受到周围人的尊敬，真正有“权威”的人是不会逞威风的。我认为应该将“权力”和“权威”区分来看待。

### ☆抛弃“父母总是伟大的”的想法

封建时代（纵式社会）的教育中总是教导孩子“父母所说的一切都应当顺从”。上下等级森严，等级高的人支配着等级低的人。在现在的社团活动中让“后辈”叫“前辈”其实也体现了纵式社会的意识。

在欧美的社团活动中，社员之间都是直接叫对方的名字。这是因为在欧美十分注重亲密的人际关系。在日本的家庭中，丈夫叫妻子的时候直接叫“喂”其实也是封建意识残留的一个表现。这种情况在很多地方仍有体现，让我不禁感叹我国封建意识的残留仍然浓厚。

这种意识是与家长要求孩子遵从自己的傲慢之心紧密相连的。孩子的心中将其视作一种权力，而这恰恰不利于培养孩子的体谅之心。

那么就请各位父母从现在起抛弃“父母总是伟大的”的想法吧。因为本来也没有那么伟大。**在孩子面前就算做错了一件小事，也要学会对孩子说“对不起”。**这句道歉其实是一种谦虚。**只有这样做，孩子才会真正地爱慕父母，**并渐渐地懂得尊敬父母。

要做到这一点，就要学会批判生养自己的父母。当孩子的母亲能够进行正确的批判时，孩子也能够学会自主地辨别父母不好的地方并避免重蹈覆辙。

我之前讲过，我的父亲总是要求母亲和家里的孩子遵从他的命令，所以，到了青春期我便下定决心长大不要像我父亲一样。青春期又叫“第二反抗期”，人在这一时期会对家长和老师的话以及人格进行批判，并塑造属于自己的人格（自我）。此时如果家长对孩子强硬，孩子也会进行同样强硬的反抗，有的学者甚至用“疾风怒涛”来形容这一状态。

然而，在我国还比较强调父母之“恩”，大致内容便是父母含辛茹苦将自己抚养长大，应该对父母抱有感恩之情。

如果孩子自己这么想当然难能可贵，可有的却是家长自己在不断强调这件事情。这样的家长是极度傲慢的。我曾在家庭法院上见过这样一幕，不良少年的父亲在开始讲父母之恩时，孩子顶了一句："还不是你们随随便便把我生下来的！"这给我非常深刻的印象，当时孩子父亲的嘴唇在不停地颤抖，却一时语塞无法回答孩子。

孩子之所以会说出这样的狠话，要么是因为父亲没有体贴孩子，一味地放纵孩子，要么是因为父亲一直用自己的威严和权力压着孩子。总之，都是因为父子之间没有建立起充满温情的关系，孩子才会一步步走上违法的道路。

第 五 章

# 教会孩子体谅之心

将爱倾注

育儿不是一种“技术”

家长应对自身展开拷问

# 将爱倾注

### ☆孩子的体谅之心需要父母的爱来滋养

我们通过长期的研究发现，孩子的体谅之心需要父母的言传身教来培养。有体谅之心的父母一般很少训斥孩子，表现出一种大度。

所谓的大度，其实就是一种包容力。这种包容力会让家长在面对孩子时，采取一种宽容的态度并很少呵斥训责孩子。大度的家长通常有一种“自己也并非完美”的认识，所以在孩子面前总能保持一种谦虚的心态。

**懂得体谅的父母都善于和孩子做游戏，**能够与孩子共享游戏的乐趣。这样的父母通常能够站在孩子的立场上参与游戏，从而能体会到孩子的快乐。

**由这样的父母教育出的孩子一般都性格开朗，行为自主，懂得体谅他人。**

我们这个研究小组从开始研究“体谅之心的成长过程”这一课题以来，已经有十年之久，在这个过程中我们自己的体谅之心也得到了修炼提高，这是最难能可贵的。这让我想到佛教的一句话：“行拜三尺童子足下。”这也是我的座右铭。

三尺指的是长度，这里形容小。童子指小孩。行拜指弓腰敬礼，保持谦逊。所以整句话的意思就是：面对童心，也就是纯真之心，我们成年人应该保持一种谦虚的态度。这样做的目的其实之前已经提到，是为了洗净我们已经污秽不堪的内心。

我国不仅有如此智慧名言，在国学中还有“未满七岁为神之子”的说法。之所以会用到“神之子”的说法，是为了提醒我们这些头脑中都是各种想法的成年人不要把孩子当成可以随意折腾的玩物。

### ☆“调皮鬼”才是“好孩子”

很多父母，特别是孩子的妈妈会在孩子很小的时候就开始“折腾”孩子，这是为什么呢？

城市里的妈妈甚至在孩子才一两岁时就让其进入补习班，这些妈妈这样做的理由一般都是：第一，要尽早地开发孩子的智力，让其能够进入名牌小学，之后再进入名牌高中，最后再进入名企就职，这一切的一切都是在为孩子的幸福做打算。

然而，这样的人生真的就是幸福的吗？根据我的研究发现，家长“要让孩子怎样怎样”的教育方式必然是一种强制性的教育，而这种强制性恰巧是抑制孩子自主性发展的障碍。

对母亲的一切指示乖乖照做的孩子，可能看上去对命令的内容十分上心，充满干劲地在完成任务，但是其自主性是受到了压制的。

**对于自主性的成长最重要的是“发现自主课题”，而对幼儿来说，“发现自主课题”就是让其自己探索游戏的方式。**大人只要不强加给孩子任何课题，只在一旁耐心观察便能明白。

孩子到三岁以后进入幼儿园或托儿所的阶段，老师需要告诉孩子们：“怎么玩都可以哦。”这个时候，孩子便会自己开动脑筋去探索游戏的方式，当孩子自己发明出游戏的方式并将其执行时，便可以断定孩子的自主性得到了顺利成长。相反，如果孩子不知道应该怎么玩，显得不知所措，开始了一个游戏又迅速放弃转到另一个游戏时，那么就可以看出孩子的自主性的成长受到了阻碍。

这样的孩子平常多表现得稳重老实，很少打打闹闹。很多父母便会觉得这是一个“好孩子”。

然而，就像之前讲过的那样，会调皮捣蛋，有反抗意识的孩子才是真正的好孩子。这是因为这样的孩子是拥有自主性的。催这样的孩子上学的时候，孩子会说：“我不要！”这正是孩子自主性遭到压制时的正常反应。父母可能会觉得自己明明在为孩子的将来着想，孩子却对自己说“不要”，于是不禁想要训斥孩子，甚至有的父母会就此判断孩子是“坏孩子”。

不过，考虑到要培养孩子的干劲，还是要请各位父母正视孩子的反抗。

### ☆自由保育的重要性

重视培养孩子“干劲”的幼儿园或托儿所会比较重视让孩子自己探索游戏的方式，也就是一种以“自由玩耍”为中心的保育。现在不少幼儿园仍然存在老师发出一个指示，让孩子们照着做的教育方式，这样的幼儿园很难期望其能培养出具有自主性的孩子。这一现象引起了文部省（现文部科学省）的注意，公元 1990 年 4 月新的《幼儿园教育纲领》得以实行，文部省还做出了应在此基础上进行保育工作的提议。

也许在有的家长眼中，遵照这一纲领展开工作的幼儿园只不过是在放手让孩子玩耍，实际上这一纲领是旨在鼓励幼儿教师们重视孩子的“自由玩耍”，为孩子自主性的成长创造环境。有了政策的帮助，幼儿教师们就能够更加放心大胆地准备相应的教材与素材，与孩子们打成一片。

**这其实是在致力于摆脱“命令式地让孩子做某事”的教育方式。**幼教所做的保育工作其实是很复杂的，就算幼教方面做出了努力，如果孩子的家长不予以支持的话是很难真正做好孩子的保育工作的。一旦实施了“自由玩耍”式的教育方式，有的孩子便会表现得稀里糊涂，不知所措，如何帮助这样的孩子也是一大难题。

### ☆“拒绝上学”的孩子

现在还存在一个重大的问题。那就是“自主性”的成长使较为滞后的孩子更容易陷入“青春期危机”。第一个表现就是在日本较为突出的一个现象——“急性登校拒否”（突然拒绝上学），也就是指平常被看作是“好学生”的孩子突然开始逃避上学的现象。

这样的孩子一开始常用身体不舒服作为理由并拒绝看医生，

当然去医院检查的结果都是身体并无异常。孩子便趁这个机会摊牌，大大方方地拒绝上学。

进行调查便会发现：这样的孩子在小学时期都勤奋学习、成绩优秀、按时完成作业、从不丢三落四、桌子也收拾得利利索索，在老师眼里是“完美”的“好孩子”。总是礼貌地打招呼，也给街坊邻居留下了不错的印象。因此，孩子家长会对自己孩子的状态感到心满意足，甚至忍不住想要夸奖自己的孩子几句。

这样的孩子在幼儿时期又是怎样的呢：听家长老师的话、从不唱反调、从不调皮捣蛋、从不嬉皮笑脸、认认真真完成大人交给的任务、自己的东西收拾得整整齐齐、生活习惯的各方面都表现得十分自立。在“孩子通”的我看来，这样的孩子确实是“小绅士”“小淑女”，但他们不像真正的孩子，在家长的压力下，他们没有办法放飞自己的一颗童心。

# 育儿不是一种“技术”

### ☆抛弃“教养”

“童心”指的是“纯真之心”。所谓“童心”，是指无视周围的人，如实地表现出自己的感受，想到什么就毫无顾忌地做什么。孩子的年龄越小，这一“自我中心式”的心理特征就越明显。在对“自我中心式”的孩子的教育中，首先要做的便是“容纳”。

“容纳”的意思是“站在孩子的立场上思考，体会孩子的感受”。要拥有这样的教育态度，需要家长和老师拥有一颗“体谅之心”。

“体谅”一词用心理学的术语来解释就是“共感能力”。要拥有这一能力，雕刻自己的“感性”就显得十分重要，也就是说家长和老师必须学会“体会孩子的感受”。

能够体会孩子感受的家长、保育人员和教师，都不会急着抓孩子的“教养”问题。因为他们明白：**抓教养问题，就是把孩子塞入一个成型的模子当中，这样其实会压抑孩子的“童心”**。这个“模子”是成年人必须遵守的行为模式。如果将其强加在孩子身上，就会培养出“小绅士”“小淑女”，看重教养的人会夸奖这种行为得体的孩子是“好孩子”，但实际上这样的孩子虽然外表讨人喜欢，但其心中已经失去了本应属于孩子的那种无拘无束。

孩子自己其实总藏着一颗想要无拘无束地玩耍、嬉笑的心，但是一想到这样做之后便会被大人说是“坏孩子”，便压抑住自己内心的想法。为了被大人夸是“好孩子”，有的孩子便选择了违背自己真实想法的行为方式。

正是如此，突然拒绝上学、行为暴力的孩子会大喊：“我一直以来都是骗人的！”教养往往会教会孩子说谎。因此，我主张抓孩子的教养问题应当慢慢切入，绝不可操之过急。

最近我甚至提出了“抛弃教养”的爆炸性宣言。

提出这一宣言的第一个理由是：抓孩子的教养问题其实是让孩子遵循某一行为模式的强制性行为，在孩子人格成型的过程中，会给孩子自主性的成长带来很大的压力，搞不好会让孩子变得缺乏干劲，甚至变得毫无朝气。

培养孩子的“自主性”，最重要的是给予孩子“自由”，只有这样，孩子才会变得干劲十足。所以，要让孩子充满干劲，必须要给孩子充分的自由，也就是做到不插嘴、不插手。如此，孩子才能尽情地调皮、嬉笑、反抗、吵闹。一开始可能会让家长、保育人员、教师感到头大，但像之前所说的那样，只要以一颗体谅之心对待孩子，孩子便会慢慢意识到自己的行为给别人造成了困扰。

### ☆用体谅之心将孩子包围

“教养无用”的第二个理由是：当我们对教养的具体内容进行考察便会发现，其中有很多封建时代的残留。

比如，当中学不良少年问题变得突出时，有的人便会说：应该从幼儿时期加强管教！

诸多研究表明，在体罚教育中长大的孩子，一旦到了青春期变得身强力壮后便会呈现出暴力倾向。这是因为家长的棍棒教育为孩子提供了一个示范，**受到过体罚的孩子心中从此埋下了冷酷无情的一面**。

我将体罚定义为“力强的一方对力弱的一方实施的暴力行为”，对体罚我持坚决反对的态度。

有一句俗话是“打是亲骂是爱”，在我看来，“爱”指的是一颗宽容之心，因此根本不需要打与骂。我认为这句俗话其实是对孩子实施体罚的家长为自己进行辩解的一个借口。

研究表明，大多数经常被家长斥骂体罚的孩子在成为父母后，也会对自己的孩子进行斥骂与体罚。父母对孩子的影响程度往往会在孩子当上父母后反映出来。

# 家长应对自身展开拷问

## ☆开始为“离巢”做准备

青春期就是一个否定父母和老师的时期。面对家长老师的管教，青春期的孩子会开始思考其是否真正合情合理。因此，家长的话不再是金科玉律。因此，青春期又被称为“第二反抗期”。另外，孩子的自我意识会在这一时期觉醒并开始确立真正的自我。这也是孩子踏上专属于自己的人生路途的真正开端。

然而，现在有很多孩子并没有表现出“第二反抗期”的特征，或者表现得很少。另外，让孩子举出自己崇拜的伟大人物时，很多孩子会回答自己的父亲。这其实也是孩子的自主性发展不成熟，缺乏干劲的一个具体表现，另外，由于父亲什么都给自己买，很多孩子会慢慢觉得自己的父亲很“伟大”。这其实也是一件可悲的事情。**要想青出于蓝，成为超越父母的拥有更加健全人格的人，对父母进行某种程度上的否定是必要的。**

我的三个孩子在青春期的时候也曾对我有过反抗，但只是反抗得没有那么强烈。这是因为在此之前我从没有对他们进行过说教，一直告诉他们“你们自己的人生你们自己决定”，对孩子采取放手的态度。

因此，孩子们的升学、择业、选择结婚对象都是孩子自己决定的。当孩子有问题找到我的时候，我都会回答：“爸爸已经跟不上时代了，也不太懂这方面的事情，你们还是找前辈或者朋友商量吧。”孩子们身边有不少的良友，我也为此省了不少心。

现在，三个孩子都已是社会的中坚力量，小家庭也十分和睦，他们也从不训斥自己的孩子，所以我的八个孙辈都得以健康茁壮地成长。兄弟姐妹之间从来不争不吵，八个孩子在一起其乐融融玩耍的样子还颇为壮观。这就是因为他们对什么事情都怀抱热情与干劲。

第六章 ▶▷

# 『自由』与『放任』的区别

当你斥责孩子前

孩子是父母的一面镜子

挑战的姿势

真正的母亲

参与比目鱼合宿的孩子们

# 当你斥责孩子前

## ☆何为“干劲”

“干劲”这一心理活动也可称作“热情”，这是孩子与生俱来的一种心理活动。每一个孩子身上都存在干劲。干劲与“自主性”的成长有着密切的关系。

所谓“自主性”，是指自己进行思考（自主思考）、找到自己动手的对象（自主发现课题，对幼儿来说就是“玩耍”）、不依靠他人进行活动（自主实现）并自己进行判断（自主判断）的一系列过程。因此，“自主性”也可以理解为“独立心”。有自主性的孩子一定也兼具十足的干劲，这样的孩子通常目光坚定、行动果断。

当婴儿能够爬行时，其首先能采取的果断行动便是“淘气”。当婴儿对某一事物感到好奇时，其会用手去触碰或者放入口中。

婴儿会对其视线范围内的一切事物感到好奇，其随后采取的行动大多都被看作是一种“淘气”。因此，在儿童心理学上将“淘气”定义为“基于探索欲望的行动”。“探索欲望”放在成年人身上则可以被称为“研究欲望”或“探险欲望”。

**因此，要想让孩子成长为一个富有“研究欲望”的青年，就应该让其在童年时期充分地“淘气”。**

孩子的“淘气”往往不会按照家长期望的样子进行。孩子会尝试挑战自己感到好奇的对象，对其进行把玩甚至破坏。通过这一过程来了解事物的构造与本质。

所以，当孩子以自己独特的方式淘气时，爸爸妈妈最好不要上前阻止，当然也不要斥责孩子。因为当你斥责孩子时，意思就是说孩子做得不对，然而，淘气并不是什么不对的事情，所以此时绝对不要斥责孩子。

本人甚至认为：孩子是绝对不会做坏事的（这也是“性本善说”）。所以我想在此呼吁：尽量不要斥责孩子。

### ☆实在困扰时的解决方法

孩子的淘气行为事实上还是经常会给爸爸妈妈带来诸多困扰。因此，当各位父母实在感到困扰时，最好的解决方法便是向孩子倾诉自己的实际感受。

孩子的情感系统在婴儿时期就已经开始发育了。特别是当亲子之间建立起较好的情感联系时，孩子就能从父母的眼神、表情以及说话的语调来解读父母的情绪。

有时孙子在淘气，我会告诉他：“你这样让爷爷觉得有点伤脑筋哦。”由于我一直以来都很宠他，他也能明白我的感受，之后便不会再重复之前的淘气行为。另外，在他搞破坏的时候，我会告诉他：“那是爷爷非常非常重要的宝贝哦。”大多数时候孙子听完我这样说就会把东西还给我，但是当他非常感兴趣不太愿意归还的时候，我会告诉他“这个最好这么玩儿”，并尽量教会他小心对待这个东西。

虽然有八个孙子孙女，但是他们真真正正让我感到伤脑筋的情况其实一次也没有。

**对孩子动之以情、晓之以理，孩子就能够慢慢了解到父母感到困扰的地方。**随着年龄的增加，孩子会学着判断自己的淘气行为是否让对方感到困扰，当发现自己的行为给对方造成困扰时也会试着忍住不做。这就是一种自我控制能力。

这种自控能力与那种“因为别人发火了，所以不能做”的外界控制力是不同的。如果孩子觉得一件事是因为别人发火了所以不能做，那么当其发现发火的人不在或者面前的对象并不会发火时，孩子便会失去判断能力，不知道自己是该做还是不该做。

### ☆用自由教育培养干劲

在前文曾提到，拥有自主性的孩子不仅会调皮捣蛋，还会开玩笑、反抗、争吵。具有以上行为的孩子才是真正的“好孩子”。然而，还是有父母会觉得孩子有以上的行为就是坏孩子，对此笔者想说，希望这样想的爸爸妈妈能够逆转一下自己的想法，成为一个不斥责孩子的家长。

要培养孩子的自主性就要给孩子“自由”，除此之外别无他法。然而在笔者强调这一点的时候，非常遗憾，还是有很多爸爸妈妈会将“自由”和“放任”的概念混淆。这往往是因为这些爸爸妈妈自己曾拥有的“自由”太少了。

当代的一些教育界学者中，有人曾发表过类似“战后的自由放任教育毁了孩子”的言论，我想这难道不是战前教育在今日的遗毒吗？在我看来，**给孩子“自由”是绝对必需的，但是这绝不意味着对孩子的“放任”**。要知道“自由”与“放任”是完全对立的两个概念。

放任孩子就意味着家长完全放弃对孩子的管教，亲子之间无法建立起情感联结，孩子的感情系统无法成熟，导致孩子缺乏体谅心，有的孩子甚至会走上违法犯罪的道路。

## ☆让孩子健康成长，母亲应该怎么做

那么，给孩子“自由”具体应当怎么操作呢？其实就是要对“守着孩子，不插嘴，不插手”的教育方式进行实践。然而看着孩子慢慢吞吞不熟练的样子，家长总是会忍不住想插一句嘴或者伸手帮个忙。

有的家长还会觉得自己给孩子帮忙是一种亲切的表现。奶奶在家时，也总是想在大小事情上帮孩子一把。如果孩子妈妈只在一旁静静看着孩子不伸手帮忙，甚至还会被孩子奶奶说成太冷漠。

相反，如果帮孩子太多就会变成过度保护，这样反倒会妨碍孩子自主性的成长。但是，如果过度溺爱孩子，孩子摇身一变成为家里的“小皇帝”，就会完全不懂得体谅家人。

“溺爱”指的是在物质金钱方面满足孩子的一切要求，孩子让干什么家长立马办到。

在前文曾提到过不插嘴、不插手的重要性，然而，这并不意味着完全地无为而治。爸爸妈妈陪着孩子玩的时候是孩子最开心的时候。在此，家长不应该觉得自己是在给孩子某种恩惠，**而应该是一家人其乐融融地享受共同的游戏时光。**

有人可能要问了，哪种游戏是最适合这种亲子时光的呢？其实答案很简单，什么游戏都可以。并不需要什么正儿八经的游戏形式。我和我孙子在一起的时候，经常会有一些五花八门的玩法，而爷孙都能够乐在其中。现在有越来越多的父母不知道要与孩子采取怎样的游戏形式，其实只需要跟着孩子的步调走就 OK。

有自主性的孩子通常都是游戏天才，能够想出很多天马行空的点子。

在有着三十年历史的小学生合宿活动中，有一个孩子发明了一个新玩法：不用手，让洗澡时坐的凳子（合成树脂质地）沉入浴缸底部。我不禁也尝试了一下，试了三次都以失败告终。然而，有一个孩子竟然成功了，其他孩子都不禁拍手称赞。这个孩子竟然做到了我无法做到的事情，我也忍不住为他鼓掌。

转念一想，要是这一幕被孩子的爸爸妈妈看到了会怎样呢？

恐怕他们会说：玩这些无聊的还不如乖乖去学习呢。

也就是说，在孩子家长眼中，学习才是有价值的事情，而这样子的玩耍则是无所事事。这便是大人与小孩价值观的差异，作为大人有必要正视孩子的价值观，只有这样才能够真正与孩子打成一片。

要与孩子共享玩耍的乐趣就要学会对孩子的乐趣产生“共鸣”，这种“共鸣”就是一种“体贴”。然而，教养的意识会阻碍这种“体贴”的流露。

由于“教养”是一种模子，如果孩子的行动不符合这个模子的形状，有的家长便会想要向孩子施加压力，伴随的便是对孩子的行为横加干涉或者颐指气使，这就在无形中阻碍了孩子自主性的成长。

# 孩子是父母的一面镜子

## ☆如何让孩子拥有丰富的创造力

摆脱固有模型并创造出新事物的能力就是“创造力”。一直以来“创造性”都受到充分的重视，今后日本所需要的是拥有丰富创造力的人才，富有创造力的人才能成长为造福世界的人物。

为此，首先要注意的就是避免将孩子放入教养的模具中。给孩子自由，让孩子学会自由地思考问题。在自由思考的过程中会有灵光乍现的瞬间，这便是创造力的表现。而被放入教养模具中成长起来的孩子往往会丢失这种创造力。

不仅如此，这样的孩子在进入青春期以后常常会出现诸如拒绝上学、精神疾病等问题。

所以，教养主义有时真的十分可怕。我在五年前就发表了“教养无用论”的激烈言论，其目的就是想要培养出更多拥有自主性和创造力人格的人。

另外，针对一些看重孩子教养的父母经常斥责孩子的现象，我也积极提倡并实施“不斥责”式教育。我能自信地实施这一教育方式，与从不训斥孩子的我的母亲和外公有着密切的关系，他们早早地在我心中种下了这一颗种子。

不仅如此，通过阅读格赛尔等美国研究者的书籍我得以了解：孩子的成长是一个左右摇摆的过程。孩子的大多数行为都在一个正常的范围内，有些行为虽然给家长造成了困扰，但对于孩子来说仍是有意义的。我在教育孩子的过程中也曾有过忍不住想要斥责孩子的瞬间，然而，读了格赛尔的书，我便发现孩子的这一行为仍属于孩子的正常行为，于是我便忍住了斥责孩子的冲动。

还是希望各位父母一定要抽空学习一下有关孩子成长过程的知识。但是现实是要不就是没有机会，要不就是绝大多数家长并不为此做出努力。为此我曾主张：对于想要生孩子的年轻人，国家应该举行内容为孩子成长过程相关知识的考试，合格者才能为其颁发成为父母的许可证。这样一来，动不动就对孩子发火的家长就会少一些，孩子挨骂的情况也会少一些吧。

孩子明明是在按着自然规律成长却遭到无知的家长训斥，这样一来，说不定会给孩子内心留下抹不去的伤疤和感情上的疙瘩，真正可怜的还是孩子。

### ☆异常举动背后是内心的伤疤

内心有伤疤，感情上有疙瘩的孩子经常会有一些异常举动，当我对其实行“游戏疗法”后，我便立刻明白了这些异常举动背后的真相。

学习“游戏疗法”，首先要做到的便是与孩子建立好关系，赢得孩子的信赖。要做到这一点就不能斥责孩子。可以说多亏了"游戏疗法"，让我养成了对孩子不吵不骂的能力。跟我亲密起来的孩子也逐渐向我敞开了心扉。

有一个孩子用积木建造了一座坟墓，随后，他把代表他爸爸的人偶推进了这个"墓地"。通过这个游戏我了解到孩子曾遭受到父亲的虐待。还有的孩子会用脚踩踏婴儿人偶，从这一孩子的游戏方式中我了解到孩子因为家里小婴儿的降生遭到了父母的冷落。

另外，还可以通过孩子的绘画了解到父母带给孩子的不好的回忆。也就是说，孩子出现异常举动其实是因为父母给孩子的心灵造成了伤害，孩子的异常举动其实是孩子的心在亮红灯。要治愈孩子受伤的内心就要对孩子温柔以待，而斥责只会加深孩子心中的伤痕与芥蒂。

孩子并没有做错，给孩子造成痛苦的家长才是真正的问题所在。对此，应该为家长提供必要的问题咨询。本来斥责孩子就是不应该的，而有的家长甚至对孩子施以体罚，这本质上体现的是家长自身的傲慢。这样的家长应该通过心理问题咨询调整自己的傲慢态度，努力使自己转变为谦虚的父母，这对于孩子人格的形成意义深远。

这便又回到了如何做到“行拜三尺童子足下”的问题点上。

**我有一个方法，那就是在孩子睡着时静静在一旁注视孩子的脸。**看着孩子甜美可爱的睡脸，爸爸妈妈们是否会有一种想要双手合十的冲动呢？**这时想到自己曾对着孩子乱发脾气，是否又会有一种想要对孩子说声“对不起”的冲动呢？**

孩子的童心是纯洁无瑕的，相比来说，大人的心通常是有很多欲望的。请各位成年人看一看隐藏在自己内心深处的各种欲望。一边看着他们一边自我反省，将自己从傲慢当中解救出来。只有这样，我们才能变成不斥责孩子的父母，也只有这样才能真正体会到生儿育女的幸福与快乐。

### ☆如何教会孩子明辨是非

当我提到要给孩子自由、放弃教养的培育时，有的父母可能就要发问了：难道就不应该教会孩子辨别是非了吗？提出这样质问的家长大多是信奉教养主义的家长。他们当中有些希望孩子能乖乖听自己的话，有些则期望孩子能够变得行为规矩。

这样的家长十分重视孩子的“型”，却没有对孩子的“心”予以充分的重视。他们好面子，希望孩子能够走精英路线。他们口口声声说是为了孩子的幸福，而这种幸福却十分表面，并不是真正的幸福。

真正的幸福是能够活出自我、走上专属于自己的人生道路。这或许意味着与精英道路背道而驰，或许会带来经济上的窘迫，然而，当你与活出自我的青年进行对话时，你就能发现他们充满了热情，专注于自己寻找到的目标。

这些孩子在成长道路上通常被父母给予了充分的自由。

只有给孩子充分的自由，孩子的人生才能更加地丰富多彩。自由是孩子成长道路上不可估价的财富。然而爸爸妈妈们必须要清楚区分“给孩子自由”与“放任孩子”。

**真正被给予自由的孩子，也应当具备强烈的责任感。**因此，必须要确认孩子是否拥有充分的责任感。

然而，这里的责任感不是指“乖乖按照命令办好事”的责任感。在日本，当人们说一个人很有责任感时，往往是指这个人能够妥善遵照别人的命令办事。而在欧美，责任感是指对自己的言行负责。拿我自身来看的话，就是说我必须对这本书里所写的内容或者是我演讲的内容负责。

这样一来，我便不能够拾人牙慧了。我必须以我自己的亲身经历为基础，站在研究者的角度构建自己的理论。正是因为有了亲身体验，才能肩负责任地写下去。

## 挑战的姿势

### ☆给孩子各种体验的机会

给孩子制造各种体验的机会十分重要。孩子生来就拥有强烈的好奇心，同时拥有自主性，所以孩子内心是对各种体验抱有期待的。这时如果能做到不插嘴、不插手，给予孩子充分的自由，那么就能够培养出更加优秀的孩子。

### ☆严禁对孩子的失败进行指责

孩子的体验必然伴随着失败，**失败的意义在于让孩子产生继续挑战，下次不再犯同样错误的决心。**举个例子，自主性强的孩子到了小学二三年级的时候会尝试挑战一些冒险。

妈妈对孩子说："帮我把桌子上的餐具端到厨房来。"应声帮忙的孩子会学着面馆送外卖的人的样子将装着餐具的盆举到肩膀的高度。这时妈妈恐怕就会说："好好端！""别那么端！"

家长做出这样的反应是怕孩子失手打碎餐具，除此之外，家长还怀揣着"不说孩子两句孩子说不定会变得没教养"的不安。不少家长遇到这种情况是无论如何都要说上孩子几句的。

然而要是我遇到这种情况是绝对不会插嘴的。因为我懂得孩子的想法。

孩子这样做是因为他早就对面馆送外卖的人产生了强烈的好奇，由此产生了自己也想尝试一下的欲求。拥有类似"欲求"的孩子的自主性其实是得到了正常发育。

然而，当孩子发现自己还无法完成这一行为时，便会主动放弃尝试，我觉得这是一件可喜的事情。所以，我能做的就是祈祷孩子能够顺利完成这一系列动作。如果孩子成功了，我会感到由衷的高兴并对其进行夸奖：“干得真棒！”这时孩子便会回答：“包在我身上！”孩子因为成功而产生的满足之情溢于言表。对此我便再次回应道：“那就交给你啦！”

孩子在经过两三次的挑战后便会获得一定的自信，并不再效仿相似的行为。这个时候就是所谓的“毕业”了。

孩子在被父母告诫“好好端”之后依然无视父母我行我素，对此，孩子的父母通常会十分恼火。就算孩子稳稳当当地把餐具端了过来，父母还是会表现得很不开心，并小声咕哝：“这孩子怎么不听大人话呢？”孩子因此也无法体会到成功的喜悦，说不定还会觉得“我明明帮了忙还要被骂”。

如果孩子一不小心摔坏了盆或者餐具，孩子父母很可能会大发雷霆。不少父母还会说：“我说什么来着？”孩子父母说这话的本意其实是警告，然而在孩子看来就是在责骂自己不乖乖听话。

“我说什么来着”这句话里还包含有“自作自受”的意思。

孩子本身闯完祸之后就有不安感，父母追加的这一棒往往会让孩子产生强烈的自卑感。甚至有的父母会放出诸如“自己搞砸的事情自己收拾”之类的狠话。之所以这样说是因为对方是自己的孩子，如果对方是客人，那么这些家长还会这样说吗?

遇到这种情况，有自主性的孩子通常会选择顶嘴：“明明是妈妈让我做的。”意思是因为妈妈要洗碗才会发生这样的事情。这时大多数妈妈会说什么呢？我猜会大发雷霆：“简直没大没小!”然后甚至会揍孩子一顿。之所以会有这样的行为，是因为在母亲脑中仍残留有封建时代“父母为天”的傲慢意识。

谦虚的父母会想到自己也曾遭遇过诸多的失败并向孩子坦白说：“我也曾经失败过。”就算是家长也有很多不成熟的地方。只有坦诚地向孩子承认，才能真正地教会孩子坦诚直率，在这同时也教会孩子自我反省的态度。

自我反省的能力对于一个人的生活方式来说意义重大。随着年纪的增加，当自己的失败给别人造成麻烦时，孩子会在内心默默道歉。这与被训斥之后的道歉完全不同，这里的道歉是自发性的道歉。

那么，当孩子摔坏餐具时应该说什么呢？**那就是：“下次好好端。”绝对不要对孩子的失败进行斥责。**最好还要告诉他送外卖的人端东西的诀窍，让孩子明白提高运动能力的重要性。

同时，与孩子一同收拾碎片，教其收拾的方法。向孩子传授并一同实践诸如用沾湿的报纸来收拾碎片、用胶条来粘碎渣的小诀窍。在此之后，还是要继续给孩子端餐具的机会。让孩子将之前做失败的事情做成功，这对于孩子自信的提高是大有裨益的。这样的自信对于孩子的人生是一笔宝贵的财富。

### ☆我的爷爷

我的孙子在小学六年级的时候曾在小册子上写过一篇标题为《我的爷爷》的作文，我看完后深受感动，在此分享给大家。

我的爷爷是一个温柔的人，我从来没有见他发过火。说不定爷爷有时也会发火，只不过从来不让人看见。爷爷的眼角有些下垂，无论何时都是笑呵呵的，仿佛生气与悲伤都与他无关。人都会发火的吧，那么为什么爷爷从来不发火呢？

在我小时候，曾经用脚踢坏了爷爷家的门。爷爷根本不看被我踢坏的玻璃，只是问我"痛不痛"。我本来以为肯定要挨骂了，然而爷爷却表现出了完全相反的态度，我不禁大吃一惊。

爷爷奶奶每天都有工作要忙，玻璃打碎了就必须要叫人来换，还要收拾玻璃的残渣。要换玻璃还要花钱。然而对于这些事情爷爷都只字未提。

这只是一件很小的事情，平常的其他事情我也记不起来了，不过肯定有很多这样的例子。

在爷爷面前无论做什么都不会被骂，所以，有时我会搞不清楚什么是正确的什么是错误的。不过一旦看见爷爷面露难色我就知道这样做不对，看见他笑容满面就知道自己做得很好。

爷爷是一个有想法，并且会执行自己想法的人。我们要想成为爷爷那样的人就要学会不轻易地批判他人、限制他人。最后我想说：我还是最喜欢看爷爷开心的笑脸。

## 真正的母亲

### ☆会对孩子说“对不起”的母亲

人们常说：家长应该树立权威。所以，便有观点认为家长没必要对孩子道歉。然而很少有人能真正说出家长权威的实际内容。我认为“权威”和“权力”是互不相同的两个概念。

所谓权力，是指在各方面具有强势地位的人能够对处于弱势地位的人进行命令威吓。把这放在亲子关系中，就表现为父母对孩子说：“老子就是老子。”“父母为天。”在孩子面前逞威风的行为。

由于在孩子心中树立了父母对孩子有“养育之恩”这一观

念，就算孩子觉得父母所说的话没有道理，也只好顺从。

本来孩子并没有必要总是惦记着父母的“养育之恩”，而有的父母总是逮着机会就提这件事，不知不觉地，孩子心中的这一潜意识就被强化了。给孩子树立这一观念的家长其实就是看重“权力”的家长。

而真正的权威是指本人在不自觉的情况下受到周围人的爱戴。这样的人是谦虚的，是绝对不会在别人面前耀武扬威的。另外，他们会认真倾听他人的话语，并充分尊重对方。

我希望各位爸爸妈妈能够在孩子面前表现出谦虚的一面。绝对不要耀武扬威。**另外，有权威的父母会经常对孩子道歉，在他们口中经常能听到“对不起”这三个字。**

这样的父母往往都认识到了自己的人格并不成熟，他们开始正视自己的人格并感受到深藏在内心深处的欲望。

这样的父母因为清楚自己内心的不足，所以经常道歉。他们就这样在道歉中渐渐树立起自己的权威。

因此，要成为有权威的人就要努力减少玩弄权力的一面。

## ☆父母背后的一面

我曾提倡“教养无用论”和不斥责式教育，有的家长便问了：那么到底怎样才能教会孩子辨别是非呢？这又是信奉教养主义的家长。

**教养分为两类，一类是由命令式的压力产生的教养。**形成这一类的教养需要诸如“给我做……”“不准做……”的命令式口吻。孩子在遵照这样的命令时，其自主性的成长也会受到阻碍，变成不会自主探寻课题，不会自主判断，无法实现自我的成长。没有大人的指示，孩子便不知所措。

在幼儿园里，有的孩子没有老师的指示便不知道该做什么，这大多是因为孩子妈妈教孩子“要照着老师的话做”。

这样一来，孩子便不会自己找玩的方法，不会与朋友一起或者自己探索新的游戏形式。当老师说“自己思考一下”时，孩子便会不知所措，显得十分木讷。

在命令下习得教养的孩子可以说是可怜的，我希望孩子们都不要通过这个途径获得教养。

**另一类是基于他人评论而产生的教养。**这种评论诸如“这样做会被妈妈骂的”“会被同学笑话的”，这种习得教养的方式在欧美人看来会被认为是日本独有的。通过这种方式习得教养的人大多都显得充满顾虑、客气、拘束。（井户香的博士论文）

也就是说，这样培养出的孩子无时无刻不在关注别人对自己的评价。所谓“顾虑”，就是一种在意周围对自身评价的潜意识，是一种在欧美罕见、而我国成年人独有的一种潜意识。在欧美教育中，家长注重让孩子根据自己的想法明确表达出“YES”或“NO”。因此，不论孩子表达出怎样的态度都会得到尊重。

### ☆没有自我主张的孩子

大约十年前，我曾在德国生活过两个月，在那里我与当地的朋友相处得十分融洽。有一次，我们与朋友四家人一起去餐厅用餐。在欧美的餐厅，人手都会有一份菜单，这是因为每一个人都只是点自己吃的东西，这也反映了对个人意志的尊重，所以，经常会出现所有人点的东西都不一样的情况。

同桌的一个刚刚七岁的小女孩，她点了一份超豪华的蔬菜拼盘，她的家长还是尊重她自己的决定。从坐在我身旁的小女孩母亲那里得知小女孩不爱吃肉，所以便尊重她的口味，但还是切了一小点的肉放在了小女孩的蔬菜上。

后来回到日本，四家人又一起去了一次中餐馆。这里只有一份菜单，所以我点完之后就给了旁边的人，当我综合考虑自己的胃口、食量还有价位点好菜后，后边的大人们都纷纷说“我也要一样的”并把菜单递给下一个人。我便觉得太缺乏个性了。

然而，同桌的一个七岁小男孩提出了不同的主张：“我要一份拉面。”我觉得孩子能有自己的主张是十分可喜的，但是坐在一旁的孩子父亲竟训斥孩子说：“大家都点一样的菜，你这样子是不是太我行我素了？”

行为准则都是人造出来的，很多人觉得遵守这些行为准则的孩子就是“好孩子”，不遵守的孩子就存在问题，对此我深表不理解。

在日本不乏类似的对孩子的行为进行评判估价的标准，这呈现出来的其实是一种封建时代（等级社会）的行为法则，这对孩子“个性”的成长百害而无一利。在当今的学校教育中仍存在忽视“个性”的培养甚至压抑个性成长的现象，这也许是因为当今教育界仍是一个等级社会，真正重视孩子个性发展的教师还是少之又少。

这一类的现象为何仍然存续，那是因为在日本还存在很多保有封建意识的指导者。然而，要想建成真正民主的社会，实现教育的民主，就需要长期不断地努力和呐喊。

## 参与比目鱼合宿的孩子们

### ☆比目鱼合宿

我一开始组织这个合宿活动的目的是为了给拥有各种问题的孩子实行治疗教育。我曾在公元1995年、1996年的时候于德国的某小儿科治疗教育病房中学习治疗教育学并获益匪浅。回国后，我曾找到小儿科的教授，试图说服他建立类似的治疗教育病房，然而并没有引起他的兴趣。因此，我便开始了举行小学生夏季合宿活动的计划。

第一次召集的孩子们都是有尿床问题的孩子，那是一次非常有趣的经历。其中一半的孩子全程都没有尿过床，而另一半的孩子却尿个不停。

当时洗衣机还没有普及，所以洗衣服便成了一个大问题。然而我却没有想过要放弃。这次合宿也为我提供了新的思路：尿床其实可以与孩子的精神问题挂钩。

第二次合宿召集的孩子们都面临着无法好好吃饭的问题，大多数孩子都存在少食偏食的毛病。这也是一次有趣的经历。

在第二次合宿结束之后，我开始注意到合宿对表现得畏首畏尾的孩子的实际作用。从此，我决定在之后的合宿活动中选择畏首畏尾的孩子为主要参与对象。**畏首畏尾的孩子大致可以分为三种类型。**

**第一种是受到过度保护而无法融入集体的孩子，这样的孩子对大人有着很强的依赖性。**

**第二种是在家长过度干涉的环境中成长起来的“好孩子”，这样的孩子通常无法适应自由的活动。**他们在整个合宿过程中看起来并没有什么明显的问题，但是他们从来不会参与孩子之间的活动。这是因为他们害怕加入之后会被大人看作坏孩子。

**第三种是缺乏集体生活经验的孩子，他们会因无法融入集体而苦恼，他们习惯了自己玩，从来不与朋友一起玩耍。**这一研究对于之后的“拒绝上学儿童”的研究有着十分重要的参考意义，这其实也有助于解释为什么“拒绝上学”的行为会分为慢性和急性两种。

合宿中的大多环节都参考了其他的合宿活动，这些环节都是大人定下来的。比如六点半起床，洗脸刷牙，包括体操的具体内容都是我们大人指导孩子来完成。

然而，随着合宿次数的增加，我开始注意到这些指导都是将大人的管理放在了首要位置上。因此，在最近的十年我都试图努力制造一种大人不去管理的状态，也就是给孩子充分自由的状态。

最终我总结了四条：第一，不给孩子安排每日任务，也就是说对孩子的起床时间、就寝时间等一系列生活细节不作具体规定，都交由孩子自己去安排；第二，不设禁止事项；第三，与同事约定绝不斥责孩子；第四，无论何时都接受孩子来撒娇。

### ☆不会收拾整理的孩子

在这样的合宿中，孩子都尽情地展现了自己最本真的一面，我们也得以真正做到“从孩子身上学东西”。结果我们发现，很多在幼儿时期培养的生活习惯都是些表面功夫，孩子们实际上并没有做到真正的自立。

被给予充分自由的孩子们大多脸也不洗、牙也不刷。如果是真正的自立，就会在没有外界催促的状况下完成这些事情才对。发号施令的人不在时就放弃原来的生活习惯，这绝不是真正意义上的自立。

当然也有乖乖洗脸刷牙的孩子，然而这一类孩子却表现得在孩子当中吃不开。这是因为这样的孩子太拘泥于规则，这些看似自立的生活习惯其实也是在强迫之下形成的。

而说到收拾整理，则根本不会有人去做，每一个房间都被弄得杂乱无章，这也是因为平日里要求孩子收拾房间的大人不在场，孩子对于这种杂乱无章其实是毫不在意的。

这是因为所谓的“整整齐齐”其实是一种面子工程，收拾整理后的房间看不到任何富有创造力的一面，**真正有创造力的孩子是不会去收拾整理房间的**。从创造力的观点来看，不收拾整理房间的孩子才应该被称作“好孩子”。

我们以小组为单位对“收拾房间”这一课题开展研究已经有五个年头了，最后得出的结论是：**家长其实没有必要执着于让孩子学会收拾整理房间**。家长能够做的就是带孩子一同收拾房间让其体会收拾完之后的成就感。孩子到了青春期以后就会开始慢慢重视房间的美观，家长只需要等待这一阶段的到来。相反，有的孩子表现得对收拾房间一事异常执着，这才显得有些神经兮兮。

### ☆学校里的问题儿童在合宿中摇身一变

有一个比较明显的现象是：很多在学校里被看作问题儿童的孩子却在“比目鱼合宿”中表现得很有活力。

小凉已经是第五年参加“比目鱼合宿”了，其中一个原因是小凉的哥哥在参加合宿后变得更加有热情和干劲，另一个原因是小凉一直在学校被看作问题儿童，他的妈妈也三天两头被老师叫去学校谈话，然而在我们的合宿活动中，小凉却被大家称赞是最有童心的孩子。

借用小凉妈妈的一句话就是："只有在这里，小凉才能一年三百六十五天得到夸奖。"渐渐地，小凉的妈妈也开始不去在意学校老师对孩子的评价，更加注重孩子的天性。

**很多学校错误地将"小绅士""小淑女"作为评价孩子的标准，而不少家长在这一问题上也与学校保有同样的错误认识。**

我认为，小学老师还有各位家长有必要重新针对孩子应该有的样子进行思考，笔者写这本书的初衷也在此。

### ☆放手让孩子去挑战

"比目鱼合宿"活动在很多方面告诉了我们孩子的本质到底是怎样的。在最近的两次合宿中，我们借到了一个场地，这是一所废弃的学校，合宿也第一次有了双层的宿舍。孩子想怎么睡就让他们怎么睡，为此我们还准备了帐篷和睡袋。有的孩子会选择在帐篷里睡，有的孩子则会把睡袋放在大厅的中间然后钻进去睡。

第一天还有三个孩子尝试把睡袋放在楼梯上睡，这也是一种冒险挑战。随后越来越多的孩子也加入这支队伍，最终有十多个孩子尝试了这种睡法。然而当我早上过去检查的时候发现，所有的孩子都已经滚下了楼梯，像叠罗汉一样睡在一起。

通过这一经历我深深感受到：孩子的身体中蕴含着无限的可能性。如果给孩子不断强调教养，实行管理式教育，也许我永远也体会不到这一点吧。通过给孩子自由，我们能够发掘出孩子真正的能力。有关这一点，本人在《比目鱼合宿》(福禄培尔馆)一书中作了纪录片式的阐述。

### ☆学会信赖孩子

在“比目鱼合宿”活动中，我还发现很多孩子改掉了自己在家中的坏毛病。不只是尿床，还有很多其他的小毛病。我深切地体会到给孩子自由是如何使孩子得到身心的解放。从这一点来看，很多家庭对孩子教养的培养其实是苦了孩子。

越是在家里被要求行为规矩的孩子，越无法与家长建立起很好的情感关系，到了我们的合宿活动中所表现出的进步也就越突出。

如果各位家长通过合宿发现自己一直以来在教育孩子上的错误，那么就应该学会给孩子真正的自由，培养孩子的自主性。

所谓真正的教育就是“静静守护，不插嘴，不插手”，将一切交付给孩子自己的教育方式。通过这样的“无言之行”，之前缺乏活力的孩子也会开始变得充满干劲。一切走上正轨后，孩子也会开始对学习充满干劲。

“干劲”是每一个孩子与生俱来的品质，只要家长做到不插嘴不插手，这一特质就一定会慢慢显山露水。**将一切交付给孩子就是说要对孩子有绝对的信赖，只有被父母信赖的孩子才能变得充满责任感。**

这种责任感不是对家长、老师的言听计从，这是基于“自己的事情自己完成”的自主性的责任感。因此，这与别人夸奖与否并无关系，只与孩子自身的满足感有关。

# 尾篇

## ☆自由是孩子活力的源泉

“干劲”是每一个孩子与生俱来的品质。因此，只要父母注重培养就一定能将孩子的干劲挖掘出来。为了做到这一点，父母必须要学会给孩子充分的自由。从教育态度上来说，就是将一切交给孩子自己去做。与“放任”完全不同，交给孩子自己去做是说父母不插嘴不插手，只在一旁默默守护着孩子。

看孩子做事情的时候，你会发现孩子有时会做得慢慢吞吞、没有效率，有时还会失败。然而这个时候一旦忍不住插嘴插手，进行干涉和过度保护的话，就会遏制孩子的干劲。特别是在孩子遭遇失败时，父母的介入就相当于剥夺了孩子进行自我挑战的机会。

孩子在遭遇不断的失败后就会下定决心不再失败，并对遭遇失败的事物再次发起挑战。这种挑战精神与孩子的干劲是密不可分的。孩子遭遇失败后，家长住口、住手，这样，孩子才能变得活力十足，充满干劲。

在孩子做一件事情失败后，绝对不要责骂孩子。当孩子自己取得成功时，会获得莫大的自信。相反，如果父母对孩子的失败进行责骂，会让孩子感到自卑并失去挑战的动力。这里要再次强调：**要想培养孩子的干劲，只需要静守一旁，不要插嘴，不要插手。**

### ☆妈妈要做的只有爱与忍耐

有的孩子已经因为家长过多地插嘴插手而失去了干劲，甚至感到深深的自卑。面对这一状况，又应该怎么解决呢？原则其实是一样的，还是要做到不插嘴，不插手，践行“无言之行”。

践行“无言之行”的开始阶段，孩子会表现得太过放纵。生活习惯一团糟，学习也抛在脑后。孩子越是有这样的表现就越说明之前家长给孩子的干涉太多。

也就是说，孩子之前养成的生活习惯还有学习习惯都是迫于家长的重压形成的，并不是基于孩子自主性形成的。

因此，只要践行“无言之行”，将一切放手，让孩子自己去做，小学低年级的孩子差不多需要六个月，高年级的孩子需要一年左右的时间就能够重拾干劲。

而在这期间，家长是否能够坚持践行“无言之行”就是一切的关键。由于孩子的“干劲”是孩子一生的人格支柱，各位父母为此应该表现出极强的忍耐力，践行“无言之行”也是对父母忍耐力的一种考验。如果能够真正贯彻“无言之行”，孩子说不定就会更早地重拾干劲。

### ☆幽默通向爱

最后我想讲讲如何教孩子明辨是非。家长做什么，孩子便会耳濡目染去效仿。比如家长看书、画画、读诗词，给孩子展现富有文化的一面，孩子也会自己尝试着去看书、画画。另外，如果爸爸妈妈一起做家务，孩子看到后就会试着来帮忙。

父母也绝不是完人，有时也会做错事，遭遇失败。这个时候也要学会说："对不起。"在孩子面前也一样，这体现的是家长的谦虚。另外，**绝对不要在孩子面前耀武扬威**。家长所做的这一切就是在无形中树立孩子的是非观。

教孩子明辨是非绝对不是靠张张口就能实现的。口头上的说教很容易变成对孩子的过度干涉，这会对孩子的干劲和自主性的成长造成不利影响。因此，希望各位父母能够减少对孩子的说教。

另外，各位爸爸妈妈们还应该尽量活跃家里的气氛，制造话题和玩笑，让家庭充满欢声笑语。在日本有一句成语叫"福临笑家门"。这句话十分有深意。因为幽默是通向爱的途径。

# 作者简介

平井信义（Nobuyoshi Hirai）（1919—2006年）

出生于东京，毕业于东京大学文学院、东北大学医学院。历任母子爱育会爱育研究所所员、御茶水女子大学教授，1970年起任大妻女子大学教授、1990年起任大妻女子大学名誉教授、儿童学研究会会长。医学博士学位。

著作有《自闭儿童的保育和教育》《教养与亲子关系》《令人担心的孩子们》《抚养孙子的保爷》《不再争吵的孩子们》《五岁以前的孩子慢慢养》《如何教出体贴懂事的孩子》《正确培养孩子的家长与错误培养孩子的家长》《家长应该做的和不应该做的》《如何发掘培养孩子的能力》《如何培养第一个孩子》《长子长女培养手册》，等等。